Friedrich Oberkogler

Richard Wagner

Der Fliegende Holländer

Friedrich Oberkogler

Der Fliegende Holländer

von
Richard Wagner

Eine musikalisch-geisteswissenschaftliche
Werkbesprechung

Novalis Verlag

Umschlag + Illustration
Daniel Boillat
CH-Dornach
© 1983 Alle Rechte vorbehalten
Novalis Verlag AG
CH-8200 Schaffhausen
ISBN 3-7214-0515-3

«*Dies war der fliegende Holländer, der mir aus den Sümpfen und Fluten meines Lebens so wiederholt und mit so unwiderstehlicher Anziehungskraft auftauchte; das war das erste Volksgedicht, das mir tief in das Herz eindrang und mich als künstlerischen Menschen zu seiner Deutung und Gestaltung im Kunstwerke mahnte.*»

Richard Wagner

INHALTSVERZEICHNIS

Vorwort

Als 1978 mein Buch «Vom Ring zum Gral» erschien*, das die großen
Bühnenfestspiele Richard Wagners zum Gegenstand einer ausführlichen musikalisch-geisteswissenschaftlichen Betrachtung machte, war
bereits auch an eine Aufnahme jener drei Werke gedacht, die in einer
gewissen Weise die Problemstellungen von Wagners großen Musikdramen vorwegnehmen: «Der Fliegende Holländer», «Tannhäuser»
und «Lohengrin». Ihre Einbeziehung war jedoch damals weder aus
umfänglichen, noch aus zeitlichen Gründen möglich.

Nun gibt das Gedenken an die hundertste Wiederkehr von Wagners Todestag die willkommene Gelegenheit, das damals Geplante in
die Tat umzusetzen. Der hier vorliegende Band ist der erste von
insgesamt drei Bänden, die im Laufe dieses Gedenkjahres 1983 erscheinen sollen, und ebenfalls eine musikalisch-geisteswissenschaftliche Besprechung der drei genannten Bühnenwerke bringen werden.

Ich möchte dem Novalis-Verlag aufrichtigsten Dank sagen, daß er
sich der Bitte nach Ergänzung und Vervollständigung meiner Wag-
ner-Betrachtungen so aufgeschlossen zeigte und die zeitgerechte
Herausgabe der Bände ermöglichen wird.

In meinen Untersuchungen habe ich mich ausschließlich auf das
jeweilige Werk beschränkt. Bezüglich aller allgemeinen Fragen, wie
etwa Wagners Stellung in der Musikgeschichte, sein Verhältnis zur
Oper, seine Auffassung vom Wesen des Mythos und dergleichen
mehr, darf ich den interessierten Leser auf mein eingangs erwähntes
Werk «Vom Ring zum Gral» verweisen.

Wien, im Februar 1983   Friedrich Oberkogler

---

* Friedrich Oberkogler: «Vom Ring zum Gral», Stuttgart 1978

Zur Entstehung des Werkes

Bereits im Sommer 1838, als Wagner noch in Riga weilte – der Fünf-
undzwanzigjährige war am dortigen Opernhaus Kapellmeister –, begegnete ihm durch Heinrich Heines «Memoiren des Herrn von
Schnabelewopski» der alte Sagenstoff vom «Fliegenden Holländer»,
ohne daß er in seiner Phantasie jedoch feste dramatische Konturen
gewonnen hatte. In einer «Mitteilung an meine Freunde» schreibt
Wagner darüber:

*«In dieser Zeit lernte ich bereits den Stoff des ‹Fliegenden Hollän-
ders› kennen; Heine erzählt ihn gelegentlich einmal, als er einer Aufführung gedenkt, der er von einem aus diesem Stoffe gemachten
Theaterstücke in Amsterdam – wie ich glaube – beiwohnte. Dieser
Gegenstand reizte mich und prägte sich mir unauslöschlich ein: noch
aber gewann ich nicht die Kraft zu einer notwendigen Wiedergeburt
in mir.» (1)*

Erst die stürmische Überfahrt von Mitau nach London – Wagner
mußte *«aus mißlichen Umständen»* (2) fluchtartig mit seiner jungen
Gattin Minna Planer Riga verlassen –, mit ihren gewaltigen Natur-
ereignissen und den Erzählungen der Matrosen, verlieh der Sage in
ihm Physiognomie und Farbe. Ein *«Kaufmannschiff von kleinster
Gattung»* (2) – die «Thetis» – mit einer einzigen armseligen Kajüte,
nahm die Flüchtenden an Bord. Sieben Mann zählte die Besatzung,
den Kapitän miteingerechnet. Zunächst verzögerte eine anhaltende
Windstille die Fahrt auf der Ostsee um ein Beträchtliches, bei der
Durchfahrt durch das Kattegat jedoch brach die Hölle los. Einge-
pfercht in der engen Kajüte des Kapitäns, ohne eigentliches Lager
weder für Minna noch für ihn, waren sie *«der Seekrankheit und allen
Ängsten preisgegeben».* Im Skagerrak steigerte sich der Sturm zum
Orkan. *«Der Kapitän sieht sich dem immer bedrohlicher werdenden
Unwetter nicht mehr gewachsen; in der Nähe der norwegischen Stadt*

Arendal muß er zwischen die Schären flüchten, um einen kleinen Fischerhafen namens Sandwike anzulaufen.» (3) Wagner aber fühlte sich von einem «unsäglichen Wohlgefühl» ergriffen, als das Echo «der ungeheuren Granitwände den Schiffsruf der Mannschaft zurückgab, unter welchem diese den Anker warf und die Segel aufhißte.» (2)

Ein Augenblick einzigartiger Inspiration:

«Hier tauchte mir der ‹Fliegende Holländer› wieder auf: an meiner eigenen Lage gewann er Seelenkraft; an den Stürmen, den Wasserwogen, dem nordischen Felsenstrande und dem Schiffgetriebe, Physiognomie und Farbe». (1)

Und in «Mein Leben» lesen wir:

«Der kurze Rhythmus dieses Rufes (der Matrosen) haftete in mir wie eine kräftig tröstende Vorbedeutung und gestaltete sich bald zu dem Thema des Matrosen-Liedes in meinem ‹Fliegenden Holländer›, dessen Idee ich damals schon mit mir herumtrug und nun unter den soeben gewonnenen Eindrücken eine bestimmte poetisch-musikalische Farbe gewann.» (2)

In seiner «Autobiographischen Skizze» heißt es:

«Der ‹fliegende Holländer›, dessen innige Bekanntschaft ich auf der See gemacht hatte, fesselte fortwährend meine Phantasie; dazu machte ich die Bekanntschaft von H. Heines eigentümlicher Anwendung dieser Sage in einem Teile seines ‹Salons›. Besonders die von Heine einem holländischen Theaterstücke gleichen Titels entnommene Behandlung der Erlösung dieses Ahasverus des Ozeans gab mir alles an die Hand, diese Sage zu einem Opernsujet zu benutzen. Ich verständigte mich darüber mit Heine selbst.» (4)

Vorerst freilich sollte sich die Bekanntschaft mit dieser, den Elementen trotzenden Ahasver-Gestalt zu ungeahnter Dämonie intensivieren. Nach einer glatten Fahrt über die beruhigte Nordsee bricht der Sturm erneut los, «der alle bisherigen Schrecken in den Schatten stellte. Dem zermürbten, von Not und Krankheit geschwächten Paar scheint der sichere Untergang unvermeidlich. Die Kreatur kann nicht mehr über sich selbst hinaus; Minna klammert sich an den Gatten und fleht ihn an, sich mit ihr zusammenzubinden, damit sie wenigstens im Tod mit ihm vereinigt bleibe.» (3)

Von Anfang an stand die Besatzung der «Thetis» diesem rätselvollen Paar, das ohne Paß, aber dafür mit einem riesigen Neufundländer – Wagners geliebten «Robber» – an Bord kam, mißtrauisch und ablehnend gegenüber. Die Passagiere mußten heimlich das Schiff besteigen, um nicht in letzter Minute die Hafenbehörde auf sich aufmerksam zu machen. Für die finster und verstockt blickende Mannschaft war es ausgemacht, daß dieses neuerliche Unheil nur von diesem wider Ordnung und Gesetz an Bord genommenen Paar kommen konnte. Wagner berichtet uns darüber:

«Es war eines Mittwochs am 7. August, mittags halb 3 Uhr, wo wir jeden Augenblick unsren Tod vor uns sehen zu müssen glaubten. Nicht die furchtbare Gewalt, mit welcher das Schiff auf und ab geschleudert wurde, und gänzlich richtungslos dem bald tiefsten Abgrund, bald als steile Berghöhe sich darstellenden Meerungetüm preisgegeben war, erweckte in mir das Todesgrauen, sondern was mich mit dem Gefühl der verhängnisvollen Entscheidung erfüllte, war die Mutlosigkeit der Mannschaft, unter welcher ich verzweiflungsvoll boshafte Blicke wahrnahm, mit denen wir von ihnen abergläubischerweise als die Ursache des drohenden Seeunglückes bezeichnet zu werden schienen. Nicht unterrichtet von der so geringfügigen Veranlassung zur Verheimlichung unsrer Reise, mochte den Leuten der Gedanke beikommen, daß es mit unserer Nötigung zur Flucht eine bedenkliche, gar wohl verbrecherische Bewandtnis haben möge. Selbst der Kapitän schien es in der äußersten Drangsal bereuen zu wollen, uns an Bord genommen zu haben, da wir ihm, der so oft diese Fahrt – namentlich im Sommer – in kurzer Zeit und ohne alle Beschwerde zurückgelegt hatte, für diesmal offenbar Unglück gebracht hätten. Da auch eben um die genannte Tageszeit zugleich mit dem Sturm ein heftiges Gewitter am Himmel tobte, sprach M i n n a den eifrigen Wunsch aus, lieber vom Blitz zerschmettert mit mir umzukommen, als in die fürchterliche Wasserflut lebend zu versinken. Auch bat sie mich, sie mit einigen Tüchern an mich anzubinden, damit wir beim Versinken nicht getrennt werden möchten.» (2)

Das Grauen entfesselter Elemente, das Wissen um Tod und Vernichtung, dazu Minnas *«heroische Geste im Angesicht des Aufgelöst-*

werdens ins Nichts» (3) – welch unsagbarer Quell für Wagners aufge-
peitschte schöpferische Phantasie! Aber noch ist der Gefahren kein
Ende: Riffe, Sandbänke, Nebel und erneuter Sturm lauern und dro-
hen. Dann endlich, in der Nacht zum 12. August an der Mündung
der Themse: die *«große, berauschende, immer überwältigender werdende Einfahrt in den bedeutendsten Hafen der Erde: London»* (3)
Am 20. August fährt das Paar mit dem Dampfschiff nach Frankreich,
wo es *«des Abends in Boulogne-sur-Mer»* ankam, und *«mit brünsti-
gen Wünschen, es nie wieder befahren zu müssen, vom Meere Abschied»* nahm. (2) Die Hoffnungen, die Wagner in die Künstlerstadt
Paris und in die Empfehlungen Meyerbeers setzte, erfüllten sich jedoch nicht. Sein erster Pariser Aufenthalt bringt ihm Enttäuschung
um Enttäuschung. Um nicht dem Verhungern ausgeliefert zu sein,
leistet er musikalische Fronarbeit, betätigt sich als Kopist, fabriziert
Arrangements beliebter Opernmelodien, ergreift, was immer sich
bietet, um der ärgsten Drangsal zu wehren und – läßt seiner künstlerischen Phantasie freien Lauf, die ihn seit jener denkwürdigen Überfahrt nicht mehr verläßt.

Das Gedicht vom «Fliegenden Holländer» nimmt Gestalt an. Zunächst wird die Handlung in einem Prosa-Entwurf festgehalten, der
1840 entstanden sein dürfte und abgesehen von der verschiedenen
Namensbenennung seiner Gestalten, handlungsmäßig der späteren
Dichtung gleicht. Die zweite Hälfte des recht umfangreichen Manu-
skriptes ist uns erhalten geblieben und befindet sich im Bayreuther
Archiv. In den Bayreuther Blättern 1933/IV hat Otto Strobel davon
einen Abdruck gegeben, den wir auszugsweise wiedergeben, da er
sich für die Deutung mancher Kriterien der Oper als nützlich und
aufschlußreich erweisen kann. Die Situation ist die des späteren zweiten Aktes: Daland stellt dem «Fremden» seine Tochter vor und preist
dessen Reichtum:

*«. . . Juwelen seiner Tochter: dies sei das Wertloseste unter allem,
was der Fr. (lies: Fremde) an Schätzen besitze. Ob es ihr nicht gelüste,
solchen Reichtum zu teilen? – Er glaubt es sei gut, die beiden allein zu
lassen. – Er will es dem Fremden selbst überlassen, sich die Tochter
geneigt zu machen. Er empfiehlt sie ihm als ein gutes, t r e u e s Kind,*

und pries ihn *i h r* als einen Mann von edelmütigem hohem Charakter
an. – *Er geht ab.* –
*Der Holl. bricht zuerst das Schweigen. Er fühlt sich auf das Tiefste
ergriffen. Wie aus fernen, längst vergangenen Zeiten spricht die liebli-
che Erscheinung des Mädchens zu ihm. Auch er hat geliebt, u. noch
jetzt fühle er, wie des Teufels grausamer Hohn ihm ein schlagendes
Herz in der Brust gelassen habe, ach! nur um ihn seine rastlosen
Leiden um so lebhafter empfinden zu lassen. Er fühlt sich auch jetzt
von einem wunderbaren, namenlosen Gefühle bewegt; – könnte er
dies Liebe nennen! Ach nein! Es ist die Sehnsucht nach dem Heil, das
ihm ein solcher Engel bereiten könne! – Auch A n n a spricht den
seltsamen Zustand aus, in dem sie sich befindet; träumt sie, wacht sie?
Wer ist der Fremde, mit den wunderbaren, leidvollen Zügen? Hat sie
ihn nicht lange schon zu sehen geglaubt? Wie mächtig unsäglich ergreift sie sein Anblick! – Er naht sich ihr:* ‹solltest du der Engel sein,
der mich mit treuer Hand zum Heil geleiten soll? Würde es dir möglich sein, dich einem armen Verstoßenen, rastlos umher Geschleuder-
ten zu ergeben, der just› dir naht, um in deiner Treue seine dir› (dieses
‹dir› steht über einem ursprünglichen, später durchstrichenen ‹lang›) –
‹ersehnte Ruhe zu suchen?› – Anna: ‹Wer du auch seist, welche Leiden
auch die deinen waren, welches Geschick du mir auch bereiten solltest: – gehorsam bin ich stets meinem Vater!›» (5)

Auch die entscheidende Situation im dritten Aufzug zeigt ziemli-
che Entsprechung zum späteren Drama:

«*Anna im peinlichsten Kampfe:* ‹Mein Vater will's, ich muß gehor-
chen! Ich darf dich nicht mehr sehen, nicht mehr an dich denken, –
eine hohe Pflicht gebietet's mir!›» Georg – der spätere Erik: «‹Deine
Pflicht? Dein Vater? – Welche Worte? Denkst du an die so kurz
verschwundenen Zeiten, wo wir, halb Kinder noch, uns ewige Treue
schwuren?› Anna heftig: ‹Ich e w i g e Treue?›» (5)

Der Schluß war gedacht, daß sich Anna mit Gewalt von dem sie
zurückhaltenden Vater und der Amme losreißt, die auf Georgs Hilferuf herbei eilen. Dem abfahrenden Holländer ruft sie, ein hervorste-
hendes Felsenriff erklimmend, nach:

«‹Wohl weiß ich, daß du nur durch ein Weib erlöst werden kannst,

*das dir treu ist bis an ihren Tod! Sieh mich, ich bin dir treu bis jetzt,
bis zu meinem Tod!› Sie springt in das Meer; in demselben Momente
versinkt im Nu das Schiff des Holländers»* (5)

Rasch folgt dem Entwurf die dramatische Ausarbeitung. Kernstück und Ausgangspunkt ist die Senta-Ballade, die als erstes ge-
dichtet wird. Eiligst skizziert Wagner das weitere Drama in gedräng-
ter Kürze, reicht den Entwurf in der Direktion der Pariser Oper ein
und – welch ein Wunder – das Stück gefiel. Von neuen Hoffnungen
erfüllt, mußte er jedoch nur zu bald erkennen, daß ihm Glück auch
diesmal nicht beschieden war. Zwar, das Stück gefiel, aber die Ausführung der Dichtung, die nun den Titel «Le Vaisseau fantôme» führen sollte, *«wird einem gewissen Paul Fouscher übertragen, der die
Ehre hat, Victor Hugo zum Schwager zu haben, während die Verto-
nung – (ein kleiner deutscher Musiker hat für dergleichen doch kein
rechtes Geschick) – über Umweg und Intrige ein Komponist namens
Pierre Dietsch besorgt. Herrn Richard Wagner aber werden als Vor-
schuß auf die ‹droits d'auteur› bare fünfhundert Francs angeboten, die
er, hinter dem Hunger und Not, eine Kette schwerer Demütigungen
und einige Wochen Schuldgefängnis liegen, auch tatsächlich annimmt.»* (3)

Allein diese tiefste Demütigung seines Künstlertums verleiht ihm
neue Kräfte. *«Ich habe mich jetzt in einem Landhause eingemauert»*,
schreibt er an B. Kietz, *«um den Holländer fertig zu machen, die
Stadt sieht mich nicht eher wieder, als bis er fliegt»*.

Und in seiner Autobiographie lesen wir:

*«Nun erhielt mein Sommer-Asyl in der Avenue de Meudon einen
bestimmten physiognomischen Ausdruck: mit diesen 500 Franken
mußte dort der ‹Fliegende Holländer› sofort von mir in Dichtung und
Musik für Deutschland ausgeführt werden, während ich das ‹Vaisseau
fantôme› seinem französischen Schicksal überließ.»* (2)

In zehn Tagen ist die Dichtung, in sieben Wochen die Orchester-
skizze des ganzen Werkes beendet. Am 20. November 1841 geht die
Partitur an die Intendanz der Berliner Oper. Die Oper wird ange-
nommen, nachdem vorher bereits das Hoftheater in Dresden den
«Rienzi» akzeptiert hatte. Und Dresden wird schließlich auch der

Schauplatz der Uraufführung des «Fliegenden Holländer» sein. Denn die Zusage Graf von Rederns, des Berliner Intendanten, der bereits seit längerer Zeit seinen Rücktritt eingereicht hatte, *«war wohl sehr höflich, aber keineswegs ernstlich gemeint gewesen.»* (2) Der Versuch, das Werk in München und Leipzig unterzubringen, schlug ebenfalls fehl. Die Oper würde sich für Deutschland nicht eignen, hieß es in dem abschlägigen Bescheid. Wagner dagegen war der Meinung, sie würde sich nur für Deutschland eignen, da sie Saiten berühre, die nur *«bei den Deutschen zu erklingen imstande»* wären. (4)

Erst nach der Fertigstellung der Originalpartitur, die auf der Titelseite die Widmung an Franz Liszt trägt, erfolgte die Verlegung des Schauplatzes der Handlung von Schottland nach Norwegen und die damit notwendig verbundene Namensänderung der Personen. Die ersten Kompositionsentwürfe umfaßten die Senta-Ballade, das Matrosenlied und den Spuk-Gesang der Holländer-Mannschaft. Die Ouvertüre entstand als letztes Stück, zwei Monate nach Vollendung des Werkes. Sie trägt am Schluß den Vermerk: *«Paris: 5. Novembre»* *«Per aspera ad astra. Gott geb's! Richard Wagner.»* Nach der Uraufführung in Dresden erfolgten an ihr einige Umarbeitungen, die jedoch vorwiegend die Instrumentation betrafen. Erst am 19. Januar 1860 beendet Wagner – wieder in Paris – die Partitur der Erstschrift eines neuen Schlusses der Ouvertüre. Die letzten 45 Takte wurden durch 52 neue ersetzt. Der Einsatz der Harfe, die bislang in der Ouvertüre nicht erklang, markiert den Beginn des neuen Schlusses. Wagner schreibt darüber am 3. Mai 1860 an Mathilde Wesendonk: *«Zur Ouverture vom ⟨fliegenden Holländer⟩ hatte ich einen neuen Schluß gemacht, der mir sehr gefällt, und auch auf die Zuhörer Eindruck machte.»* Und in einem Brief vom 10. April 1860 heißt es: *«Jetzt, wo ich Isoldes letzte Verklärung geschrieben, konnte ich . . . erst den rechten Schluß zur Fliegenden Holländer-Ouverture . . . finden.»* Bei der Aufführung des Werkes am 4. Dezember 1864 an der Münchener Hofoper wurde dann das Finale des dritten Aktes, unter Wagners persönlicher Leitung, diesem neuen Schluß angeglichen. Durch ihn wird das Erlösungs-Moment noch intensiver betont, indem die Harmonie eine plagale Wendung zur Subdominante vollzieht und das Senta-Motiv ertönen läßt. Dies bedeutet jedoch keineswegs, daß Erlösung nicht von Anbeginn das Ziel und die Grundthematik des Werkes war. Ist die Erlösung durch die Liebe einer reinen Jungfrau doch ein uraltes Motiv, das bereits bei Hartmann von Aue in seinem «Armen Heinrich» vor mehr als siebenhundert Jahren Gestaltung gefunden hatte. Auch in Heines Erzählung fehlt es – trotz des unleugbar ironischen Untertons –, nicht. Dies festzuhalten ist deshalb wesentlich, weil das Bestreben zeitgenössischer Bühnendarstellungen auf Eliminierung des Erlösungs-Geschehens abzielt und dabei stets auf die «ursprüngliche» Fassung Bezug genommen wird. Da jedoch bereits der erste Prosa-Entwurf, wie wir gesehen haben, die Erlösung beinhaltet, ist es eine eklatante Um- und Mißdeutung des Wagnerschen Werkes, wenn man dieses Grundmotiv durch allerlei intellektuelle Spitzfindigkeiten aus dem Handlungsbereich hinausinterpretiert. Auch die Berufung auf die ursprüngliche Form in einem Akt ändert nichts daran, daß «Erlösung» ein Grundmotiv des Werkes ist. Wagner differenziert bei dieser «Balladen-Fassung» die Begriffe «Akt» und «Aufzug», die uns gewöhnlich Synonyma sind. Die Oper als Ganzes, ohne Pause durchgespielt, wäre der e i n e Akt, der sich in drei große Abschnitte mit entsprechendem Szenenwechsel, d. h. in «Aufzüge», gliedert. Bei der Uraufführung wurde die Oper dreiaktig, mit Pausen, gegeben. Am 22. Juli 1901 führte man sie erstmalig in Bayreuth als «dramatische Ballade», ohne Pause, in einem Akt auf.

Die Quellen zu Wagners Holländer-Drama

In seiner «Autobiographischen Skizze» gibt Wagner zwei Quellen für die Dichtung seines Holländer-Dramas an. In erster Linie ist es die Sage selbst, wie er sie auf seiner stürmischen Durchfahrt durch die norwegischen Schären *«aus dem Munde der Matrosen bestätigt erhielt» (1)*; des weiteren aber war es die Bekanntschaft mit Heinrich Heines *«eigentümlicher Anwendung dieser Sage in einem Teile seines ‹Salons›» (1)* Insbesondere gab ihm die von Heine einem holländischen Theaterstück gleichen Titels (The flying Dutchman) entnommene Behandlung des Erlösungs-Motives, wie wir bereits gehört haben, *«alles an die Hand»*, um diese Sage *«zu einem Opernsujet zu benutzen».(1)*

Der Sagenstoff selbst wird uns nicht einheitlich überliefert. Zwar ist der Glaube – bzw. Aberglaube, wie der moderne Terminus wohl heißen muß, an die Existenz des «Fliegenden Holländers» unter den Seeleuten weit verbreitet gewesen, der Mythos als solcher aber ist, was die äußere Form der Überlieferung betrifft, nur in sehr blassen und schwankend-unterschiedlichen Konturen zu fassen. Sein Sinngehalt wird sich jedoch im Zuge unserer Untersuchungen immer greifbarer herausschälen. Es ist vor allem der Glaube an ein «Gespensterschiff», dem wir bei fast allen seefahrenden Völkern aller Zeiten begegnen. Daß dieses Gespensterschiff dann im 17. Jahrhundert eine bestimmte Färbung erhielt, indem es mit der Gestalt des «Holländers» verbunden wurde, mag vielleicht seinen Grund in der Härte und dem unerschrockenen Wagemut gerade dieser Seefahrernation haben. Im 17. Jahrhundert erlebten die nördlichen Niederlande einen gewaltigen Aufschwung, der sie zur Beherrscherin eines großen Teiles des Meeres im Fernen Osten machte. 1602 wurde die holländisch-ostindische Kompagnie begründet. Aber bereits 1601 *«hatten die Holländer das Vorgebirge der Guten Hoffnung in Südafrika besetzt (das Kap der Guten Hoffnung spielt in der Sage eine Rolle) und damit den Seeweg nach Ostindien gesichert; 1660 besiedelten niederländische Bauern (Buren) die Kapkolonie. Wagemutige holländische Kapitäne entdeckten 1606 das Festland von Australien (man nannte es Neu-Holland), 1642 Tasmania. In Europa wurde der Verkehr zwischen den Ländern hauptsächlich durch holländische Schiffe vermittelt, Amsterdam war Hauptplatz des Welthandels. Am Ende des Dreißigjährigen Krieges, im Friedensschluß vom Jahre 1648 schieden die nördlichen Niederlande aus dem Verband des deutschen Reiches aus und erhielten ihre Selbständigkeit.»* (2)

Die strenge kalvinistische Geisteshaltung der alten Holländer steht durchaus im Einklang mit dem Trotz dieses Kapitäns, entgegen der Macht der Elemente das Kap der Guten Hoffnung umsegeln zu wollen, das wegen seiner Stürme und Gegenströmungen berüchtigt war, – und sollte es «bis zum jüngsten Tag währen» –, als auch mit der Strenge der Bestrafung dieses frevlen Übermutes.

Im 19. Jahrhundert fand die Sage dann Eingang in das gesamte literarische Schaffen, in Lyrik, Epik und Dramatik. Walter Scott verfaßte 1812 das Seeräubergedicht «Rokeby», in dem das *«Gespensterschiff»* mit einem *«Meteor»* verglichen wird, der *«durch den Sturm schießt»*. Von einem *«Totenschiff»* erzählt – 1825 – Thomas Campbell in seiner Ballade *«The deathboat of Heligoland»*. Die Mannschaft des Schiffes gleicht den mephistophelischen *«Lemuren»* des Faust-Dramas, d.h. Skeletten, *«aus Sehnen, Bändern und Gebein geflickte Halbnaturen»*. Ähnliches findet sich auch in Wilhelm Hauffs Märchen *«Die Geschichte vom Gespensterschiff»*, wo die Mannschaft als *«zwanzig bis dreißig Leichname in türkischen Kleidern»* beschrieben wird, die mit ihrem Kapitän, den ein durch die Stirn getriebener Nagel an den Mastbaum heftet, in der Nacht aufwacht und *«mit vollem Wind»* die Strecke Wegs wieder zurücksegelt, die das Schiff am Tage zurückgelegt hat. Auch etliche Romane erzählen von der Begegnung mit dem *«schwarzen Schiff»*, das gleich einer finster-drohenden Wolke dem Sturm vorauseilt. Immer wieder sind es Bilder von zerstörenden Elementargewalten und Todeskräften, die in den zahlreichen Darstellungen auftauchen. Zu erwähnen wäre schließlich der Roman «*The Flying Dutchman*» des englischen Kapitäns Frederik Marryat, der auch ins Französische übersetzt wurde und auf jenes Opern-Textbuch «Le Vaisseau Fantóme» weitgehendst Einfluß genommen hat, dessen erster Entwurf von Richard Wagner stammte und der dem in Not Geratenen – wie bereits erwähnt – um 500 Francs abgehandelt wurde. Letztlich könnte das Drama «The Phantom Ship» von Edward Fitzball (1792–1873) – geschrieben für das Adelphi-Theater in London – jenes Theaterstück gewesen sein, das Heine möglicherweise gesehen hat.

Für Richard Wagner wächst die Gestalt des «Fliegenden Holländers», fern jeglicher Reflexion über Glaube und Aberglaube, ganz aus der schöpferischen Phantasie der Volksseele.

«Die Gestalt des ‹Fliegenden Holländers› ist das mythische Gedicht des Volkes: ein uralter Zug des menschlichen Wesens spricht sich in ihm mit herzergreifender Gewalt aus. Dieser Zug ist, in seiner allgemeinsten Bedeutung, die Sehnsucht nach Ruhe aus den Stürmen des Lebens.» (3)

Bereits in diesen Zeilen kündigt sich eine Perspektive an, die für Wagner ein wesentlicher Blickpunkt sein wird: der «Holländer» als Sinnbild des *leidenden Menschen*. Dessen ungeachtet, spaltet sich für ihn die urbildlich-mythologische Gestalt in drei Abbilder, die jeweils verschiedenen Kulturbereichen angehören.

«In der heiteren hellenischen Welt treffen wir ihn in den Irrfahrten des Odysseus und in seiner Sehnsucht nach der Heimat, Haus, Herd und – Weib, dem wirklich Erreichbaren und endlich Erreichten des bürgerfreudigen Sohnes des alten Hellas». (3)

Die zweite abbildhafte Grundgestalt gehört dem christlichen Sagenbereich an:

«Das irdisch heimatlose Christentum faßte diesen Zug in der Gestalt des ‹ewigen Juden›: diesem immer und ewig, zweck- und freudlos zu einem längst ausgelebten Leben verdammten Wanderer, blühte keine irdische Erlösung; ihm blieb als einziges Streben nur die Sehnsucht nach dem Tode, als einzige Hoffnung die Aussicht auf das Nichtmehrsein.» (3)

Schließlich findet Wagner die dritte Grundgestalt beim Ausklang

des Mittelalters, am Beginn der Neuzeit mit ihren gewaltigen welter-
obernden Entdeckungsfahrten:

*«Am Schlusse des Mittelalters lenkte ein neuer, tätiger Drang die
Völker auf das L e b e n hin: weltgeschichtlich am erfolgreichsten äußerte er sich als Entdeckungstrieb. Das Meer ward jetzt der Boden des
Lebens, aber nicht mehr das kleine Binnenmeer der Hellenenwelt,
sondern das erdumgürtende Weltmeer. Hier war mit einer alten Welt
gebrochen; die Sehnsucht des Odysseus nach Heimat, Herd und Ehe-
weib zurück, hatte sich, nachdem sie an den Leiden des ‹ewigen Juden› bis zur Sehnsucht nach dem Tode genährt worden, zu dem Verlangen nach einem Neuen, Unbekannten, noch nicht sichtbar Vor-
handenen, aber im Voraus Empfundenen, gesteigert. Diesen ungeheuer weit ausgedehnten Zug treffen wir im Mythos des fliegenden
Holländers, diesem Gedichte des Seefahrervolkes aus der weltge-
schichtlichen Epoche der Entdeckungsreisen. Wir treffen auf eine,
vom Volksgeiste bewerkstelligte, merkwürdige Mischung des Charakters des ewigen Juden mit dem des Odysseus.» (3)*

Soweit die mythologische Komponente in ihrer Aufspaltung in
drei Grundgestalten. Was hat uns nun die zweite Quellwurzel zu
sagen, die Wagners Drama beeinflußte: die Dichtung Heinrich Heines? Von der bereits erwähnten Theateraufführung, der Heine beige-
wohnt haben soll, erzählt uns der Dichter in dem «Novellistischen
Fragment»: *«Aus den Memoiren des Herrn von Schnabelewopski».*
Es ist aufschlußreich, sich die darin enthaltene Darstellung des Sagen-
stoffes kurz zu vergegenwärtigen, weil sich daran Wagners eigene
dichterische Kraft erkennen läßt, mit der er den Mythos aus der
Heineschen ironisierenden Betrachtungsweise herauslöst und ihm
seinen menschheitlichen Ernst angedeihen läßt.

Im VI. Kapitel der «Memoiren» wird auf das Holländerschiff kurz
verwiesen:

*«In der Nacht sah ich mal ein großes Schiff mit ausgespannten
blutroten Segeln vorbeifahren, daß es aussah wie ein dunkler Riese
mit einem weiten Scharlachmantel. War das der fliegende Holländer?*

*In Amsterdam aber, wo ich bald anlangte, sah ich ihn leibhaftig
selbst, den grauenhaften Mynheer, und zwar auf der Bühne. Bei*

dieser Gelegenheit lernte ich auch eine von jenen Nixen kennen, die ich auf dem Meere selbst vergeblich gesucht. Ich will ihr, weil sie gar zu lieblich war, ein besonderes Kapitel weihen.» (4)

Im anschließenden siebenten Kapitel wird dann die eigentliche Fabel erzählt:

«Die Fabel von dem fliegenden Holländer ist euch gewiß bekannt. Es ist die Geschichte von dem verwünschten Schiffe, das nie in den Hafen gelangen kann und jetzt schon seit undenklicher Zeit auf dem Meere herumfährt. Begegnet es einem anderen Fahrzeuge, so kommen einige von der unheimlichen Mannschaft in einem Boote herangefahren und bitten, ein Paket Briefe gefälligst mitzunehmen. Diese Briefe muß man an den Mastbaum festnageln, sonst widerfährt dem Schiffe ein Unglück, besonders wenn keine Bibel an Bord oder kein Hufeisen am Fockmaste befindlich ist. Die Briefe sind immer an Menschen adressiert, die man gar nicht kennt, oder die längst verstorben, so daß zuweilen der späte Enkel einen Liebesbrief in Empfang nimmt, der an seine Urgroßmutter gerichtet ist, die schon seit hundert Jahr im Grabe liegt. Jenes hölzerne Gespenst, jenes grauenhafte Schiff führt seinen Namen von seinem Kapitän, einem Holländer, der einst bei allen Teufeln geschworen, daß er irgend ein Vorgebirge, dessen Namen mir entfallen, trotz des heftigsten Sturms, der eben wehte, umschiffen wolle, und sollte er auch bis zum jüngsten Tage segeln müssen. Der Teufel hat ihn beim Wort gefaßt, er muß bis zum Jüngsten Tage auf dem Meere herumirren, es sei denn, daß er durch die Treue eines Weibes erlöst werde. Der Teufel, dumm wie er ist, glaubt nicht an Weibertreue und erlaubte daher dem verwünschten Kapitän alle sieben Jahr einmal an Land zu steigen und zu heiraten und bei dieser Gelegenheit seine Erlösung zu betreiben. Armer Holländer! Er ist oft froh genug, von der Ehe selbst wieder erlöst und seine Erlöserin los zu werden, und er begibt sich dann wieder an Bord.

Auf diese Fabel gründete sich das Stück, das ich im Theater zu Amsterdam gesehen. Es sind wieder sieben Jahr verflossen, der arme Holländer ist des endlosen Umherirrens müder als jemals, steigt ans Land, schließt Freundschaft mit einem schottischen Kaufmann, dem er begegnet, verkauft ihm Diamanten zu spottwohlfeilem Preise, und wie er hört, daß sein Kunde eine schöne Tochter besitzt, verlangt er sie zur Gemahlin. Auch dieser Handel wird abgeschlossen.

Nun sehen wir das Haus des Schotten, das Mädchen erwartet den Bräutigam zagen Herzens. Sie schaut oft mit Wehmut nach einem großen verwitterten Gemälde, welches in der Stube hängt und einen schönen Mann in spanisch-niederländischer Tracht darstellt; es ist ein altes Erbstück, und nach der Aussage der Großmutter ist es ein getreues Konterfei des fliegenden Holländers, wie man ihn vor hundert Jahr in Schottland gesehen zur Zeit König Wilhelms von Oranien. Auch ist mit diesem Gemälde eine überlieferte Warnung verknüpft, daß die Frauen der Familie sich vor dem Originale hüten sollten. Eben deshalb hat das Mädchen von Kind auf sich die Züge des gefährlichen Mannes ins Herz geprägt.

Wenn nun der wirkliche fliegende Holländer leibhaftig hereintritt, erschrickt das Mädchen; aber nicht aus Furcht. Auch jener ist betroffen bei dem Anblick des Porträts. Als man ihm bedeutet, wen es vorstelle, weiß er jedoch jeden Argwohn von sich fern zu halten; er lacht über den Aberglauben, er spöttelt selber über den fliegenden Holländer, den ewigen Juden des Ozeans; jedoch unwillkürlich in einem wehmütigen Ton übergehend, schildert er, wie Mynheer auf der unermeßlichen Wasserwüste die unerhörtesten Leiden erdulden müsse, wie sein Leib nichts anderes sei als ein Sarg von Fleisch, worin seine Seele sich langweilt, wie das Leben ihn von sich stößt und auch der Tod ihn abweist: gleich einer leeren Tonne, die sich die Wellen einander zuwerfen und sich spottend einander zurückwerfen, so werde der arme Holländer zwischen Tod und Leben hin- und hergeschleudert, keins von beiden wolle ihn behalten; sein Schmerz sei tief wie das Meer, worauf er herumschwimmt, sein Schiff sei ohne Anker und sein Herz ohne Hoffnung.

Ich glaube, dieses waren ungefähr die Worte, womit der Bräutigam schließt. Die Braut betrachtet ihn ernsthaft und wirft manchmal Seitenblicke nach seinem Konterfei. Es ist, als ob sie sein Geheimnis erraten habe, und wenn er nachher fragt: Katharina, willst du mir treu sein? antwortet sie entschlossen: treu bis in den Tod.» (4)

An dieser Stelle unterbricht der Erzähler den Fortgang der Handlung, um der Schilderung eines amourösen Abenteuers Raum zu geben, das durch ein «*Lachen*» ausgelöst wurde, welches nicht «*von unten, aus der Hölle, sondern von oben, vom Paradiese*» kam. Eine «*wunderschöne Eva*» lächelt verführerisch vom Balkon auf ihn herab, «*ein Lächeln, welches vergiftet worden von jenem Apfel der Erkenntnis, den der Mund genossen.*» Erst nach dem mit Pikanterie erzählten Verlauf dieses Liebesabenteuers läßt Heine Herrn von Schnabelewopski ins Theater zurückkehren:

«*– Als ich ins Theater noch einmal zurückkehrte, kam ich eben zur letzten Szene des Stücks, wo auf einer hohen Meerklippe das Weib des fliegenden Holländers, die Frau fliegende Holländerin, verzweiflungsvoll die Hände ringt, während auf dem Meere, auf dem Verdeck seines unheimlichen Schiffes, ihr unglücklicher Gemahl zu schauen ist. Er liebt sie und will sie verlassen, um sie nicht ins Verderben zu ziehen, und er gesteht ihr sein grauenhaftes Schicksal und den schrecklichen Fluch, der auf ihm lastet. Sie aber ruft mit lauter Stimme: ich war dir treu bis zu dieser Stunde, und ich weiß ein sicheres Mittel, wodurch ich dir meine Treue erhalte bis in den Tod!*

Bei diesen Worten stürzt sich das treue Weib ins Meer, und nun ist auch die Verwünschung des fliegenden Holländers zu Ende, er ist erlöst, und wir sehen, wie das gespenstische Schiff in den Abgrund des Meeres versinkt.

Die Moral des Stückes ist für die Frauen, daß sie sich in acht nehmen müssen, keinen fliegenden Holländer zu heiraten; und wir Männer ersehen aus diesem Stücke, wie wir durch die Weiber im günstigsten Falle zu Grunde gehn.» (4)

In der Anlage seiner Textdichtung folgt Wagner offensichtlich der Erzählung Heines. Die dreiteilige Gliederung des Stoffes, die Schauplätze und gewisse Teile der Handlung sind bei Heine bereits vorgebildet. In erster Linie aber ist es die Grundidee der Erlösung des mythischen Seefahrers durch die treue Liebe eines Weibes, die Wagner mit Enthusiasmus und mit tiefem Ernst aufgegriffen hat.

«*Der holländische Seefahrer ist zur Strafe seiner Kühnheit vom Teufel (das ist hier sehr ersichtlich: dem Elemente der Wasserfluten und der Stürme) verdammt, auf dem Meere in alle Ewigkeit rastlos umherzu-*

segeln. Als Ende seiner Leiden ersehnt er, ganz wie Ahasveros, den Tod; diese, dem ewigen Juden noch verwehrte Erlösung kann der Holländer aber gewinnen durch – ein Weib, das sich aus Liebe ihm opfert: die Sehnsucht nach dem Tode treibt ihn somit zum Aufsuchen dieses Weibes; dies Weib ist aber nicht mehr die heimatlich sorgende, vor Zeiten gefreite Penelope des Odysseus, sondern es ist das Weib überhaupt, aber das noch unvorhandene, ersehnte, geahnte, unendlich weibliche Weib, – sage ich es mit einem Worte heraus: das Weib der Zukunft.» (3)

Allein aus diesen Worten läßt sich schon herausempfinden, wie für Wagner das «Ewig Weibliche» eine geistige Realität bedeutet, und er weit davon entfernt ist, die Erlösungstat dieses «Ewig Weiblichen» als bloße Gefühlsschwärmerei, als illusionären Zug eines romantischen Weltgefühls in mitleidiger Ironie zu belächeln. Paul Bekker charakterisiert die Unterschiedlichkeit zwischen der Sicht Heines und Wagners mit den Worten:

«Heine sieht die Doppelwelt der Romantik, das ständige Gegenspiel von Traum und Wirklichkeit, von Gefühlsschwärmerei und Verstandeswahrheit als einander bedingte Vorstellungsarten. Er empfindet das Zwiespältige des Unvereinbaren. Wagner, der Künstler des Theaters, gibt sich vorbehaltlos der Illusion des Traumbildes hin... Er muß das Unwahrscheinliche wahrscheinlich machen...» (5)

Was Paul Bekker hier als «Illusion des Traumbildes» bezeichnet, das ist für Wagner allerdings ein Erkennen von «Zusammenhängen», die dem Sinnesauge, wie dem Verstandesdenken verborgen bleiben, dem mythologischen Bewußtsein jedoch erschaubar sind. In dem Aufsatz «Zukunftsmusik» lesen wir:

«Im Mythos wird der Geist sofort in denjenigen träumerischen Zustand versetzt, in welchem er bald bis zu dem völligen Hellsehen gelangen soll, wo er dann einen neuen Zusammenhang der Phänomene der Welt gewahrt, und zwar einen solchen, den er mit dem Auge des gewöhnlichen Wachens nicht gewahren konnte...» (6)

Kein Zweifel kann bestehen, daß wir auch dem Holländer-Mythos jene Kraft zubilligen müssen, die das Bewußtsein, so es sich gleichsam meditativ in seine Sagenwelt versenkt, zu jener *«Hellsichtigkeit»*

26

emporhebt, durch die ihm «*neue Zusammenhänge der Phänomene der Welt*» erkennbar werden. Damit wird aber auch die Kluft sichtbar, die sich zwischen Wagners Werk und der Dichtung Heines, mit ihrem leicht frivolen Unterton auftut, die sich in ihrem Memoiren-Stil darin gefällt, an der Oberfläche zu verharren und Ereignisse zu schildern, die kaum einen besonderen Eindruck hinterlassen, wie etwa die Unterbrechung der Handlung durch ein amouröses Abenteuer. Dadurch wird der ganzen Erzählung, bzw. der Sage – unterschwellig und unausgesprochen – eine ähnliche erotische Tingierung verliehen. Was damit aber gleichzeitig erkennbar wird ist die Tatsache, daß sich viele zeitgenössische Regiekonzepte des Wagner-Dramas nicht an diesem, sondern an Heine orientieren, was zweifellos zu einer Verfälschung und Sinnzerstörung von Wagners Werk führen muß, und niemals seine Neu-Deutung, wie behauptet wird, bedeuten kann.

Die Stellung des «Fliegenden Holländer» im Dramen-Werk Richard Wagners

Ehe wir in die Besprechung der einzelnen Szenen des Werkes eintreten, wollen wir uns Rechenschaft geben, auf welcher Entwicklungsstufe der «Fliegende Holländer» im Gesamtschaffen Wagners steht. Eine Besinnung, die Wagner selbst sehr eindringlich vollzogen hat, und die für jegliche Urteilsbildung sowohl in bezug auf das gegenständliche Drama, als auch für Wagners spätere Werke von Wichtigkeit ist.

1879, während der Arbeit am «Parsifal», blickt Wagner auf seine Bühnenwerke zurück und bekundet in einem Aufsatz seine Ansicht über die Rolle der Musik im Drama:

«Dennoch muß die neue Form der dramatischen Musik, um wiederum als Musik ein Kunstwerk zu bilden, die Einheit des Symphoniesatzes aufweisen, und dies erreicht sie, wenn sie, im innigsten Zusammenhange mit demselben, über das ganze Drama sich erstreckt, nicht nur über einzelne kleinere, willkürlich herausgehobene Teile desselben. Diese Einheit gibt sich dann in einem das ganze Kunstwerk durchziehenden Gewebe von Grundthemen, welche sich, ähnlich wie im Symphoniesatze, gegenüber stehen, ergänzen, neu gestalten, trennen und verbinden; nur daß hier die ausgeführte und aufgeführte dramatische Handlung die Gesetze der Scheidungen und Verbindungen gibt; welche dort allerursprünglichst den Bewegungen des Tanzes entnommen waren. –» (1)

Der «Fliegende Holländer» zeigt den ersten Ansatz zur Verwirklichung dieses *«das ganze Kunstwerk durchziehenden Gewebes von Grundthemen»*. Gleichzeitig ist er ein Zeugnis für Wagners Selbstfindung und das Erfühlen seines ihm eigenen Weges.

Was das Gewebe von Grundthemen betrifft, so weist der «Holländer» trotz seiner stellenweise noch zu Tage tretenden Opernform, bereits eine Thematik auf, die an den Leitmotiv-Charakter der späteren großen Bühnenfestspiele gemahnt. Bereits C. M. v. Weber verwendete das Leitmotiv nicht mehr als bloßen «Erinnerungsfaktor», sondern auch als musikalische Aussage, die uns auf den Wandel einer Situation aufmerksam machen soll. Wagners Leitmotive – der Begriff stammt übrigens nicht von ihm – müssen dagegen als Themen oder Thementeile eines symphonischen Satzes verstanden werden, welchen dieselbe musikalische Funktion zugrunde liegt, wie den Themen einer Symphonie.

In diesem Zusammenhang darf auf die entsprechenden Ausführungen in meinem Buche «Vom Ring zum Gral» verwiesen werden. Deutliche Ansätze einer derartigen symphonischen Verarbeitung weist die Holländer-Musik bereits auf.

Von der «Selbstfindung» und dem Erfühlen seines ureigenen Weges gibt uns Wagner ausführliche Zeugnisse in der «Mitteilung an meine Freunde.» Als er sich für den «Rienzi» entschied, da stand sein Verlangen noch ganz im Zeichen der traditionellen großen historischen Oper.

«Etwas recht Großes zu machen, eine Oper zu schreiben, zu deren Aufführung nur die bedeutendsten Mittel geeignet sein sollten, die ich daher nie versucht sein könnte in den Verhältnissen, die mich drükkend und beengend umgaben, vor das Publikum zu bringen, und die mich somit, um ihrer einstigen Aufführung willen, bestimmen sollte Alles aufzubieten, um aus jenen Verhältnissen herauszukommen – das entschied mich nun, den Plan zum ‹ R i e n z i › mit vollem Eifer wieder aufzunehmen und auszuführen. Auch hier fiel mir bei der Textverfertigung im Wesentlichen noch nichts Anderes ein, als ein wirkungsvolles Opernbuch zu schreiben. Die ‹große Oper› mit all' ihrer szenischen und musikalischen Pracht, ihrer effektreichen, musikalisch-massenhaften Leidenschaftlichkeit, stand vor mir; und sie nicht etwa bloß nachzuahmen, sondern, mit rückhaltsloser Verschwendung, nach allen ihren bisherigen Erscheinungen sie zu überbieten, das wollte mein künsterischer Ehrgeiz.» (2)

Wagner war es zwar um einen *«guten, nicht trivialen Operntext»*

(2) zu tun, aber eben doch nur um ein «Libretto», und so verwendete er auch *«noch keine größere Sorgfalt auf Sprache und Vers»*, als es nötig schien, um einen ernsthaften und brauchbaren Operntext zu schaffen. Mit dem Text zum «Holländer» jedoch fühlte Wagner seine *«Laufbahn als Dichter»* (2) beginnen. Allerdings weiß Wagner über die Unzulänglichkeiten seines Werkes genau Bescheid – aufrichtig und objektiv. Seines Erachtens sei in dieser Dichtung *«so Vieles noch unentschieden, das Gefüge der Situationen meist noch so verschwimmend, die dichterische Sprache und der Vers oft noch des individuellen Gepräges so bar»* (2), daß die *«modernen Theaterstückdichter»*, wie er erwartete, *«die Bezeichnung dieser Dichtung als solcher»* ihm für eine *«hart zu züchtigende Frechheit anrechnen werden»*. (2) Wesentlich für Wagner war jedoch das Wissen, daß die Form dieser Dichtung keiner Reflexion erfloß, sondern daß auch sie bereits, wie alle noch folgenden, *«bis auf die äußersten Züge der musikalischen Ausführung, von dem Stoffe insoweit angewiesen war»* (2), als dieser Stoff Wagner zum *«Eigentum einer entscheidenden Lebensstimmung wurde»*, d. h. aus einem ureigensten, persönlichen Erlebnis heraus erfloß.

«Nirgends wirkte die Reflexion auf mich ein; denn Reflexion ist nur aus der Kombination vorhandener Erscheinungen als Beispiele zu gewinnen: die Erscheinungen, die mir auf meiner neuen Bahn als Beispiele hätten dienen können, fand ich aber nirgends vor. Mein Verfahren war neu; es war mir aus meiner innersten Stimmung angewiesen, von dem Drange zur Mitteilung dieser Stimmung aufgenötigt.» (2)

Die dichterische Kraft des Holländer-Dramas offenbart sich an zahlreichen Kriterien. Da ist etwa die Einfachheit, mit der sich die Handlung in wenigen Szenen abspielt, oder die Fähigkeit, Abläufe, die eigentlich in der «Dauer» wurzeln, in einen geschlossenen Zeitenlauf zu kleiden, wodurch der Eindruck des Natürlichen außerordentlich gesteigert wird. Wenn auch nicht unmittelbar, so könnte man doch verborgen im Hintergrund das antike Drama mit seiner Einheit von Ort, Zeit und Handlung, als einen bestimmenden Faktor sehen. Läuft doch das ganze Geschehen in einem, nach Stunden zu bemessenden Zeitraum ab, und wenn das Drama auch zwei Schauplätze aufweist, so ist die Einheit des Ortes insoferne gewahrt, als man die «Spinnstube» im Sinne einer Blickwendung nach «Innen» verstehen kann, als eine seelische Korrespondenz zum Außen-Elementaren. Einmal mehr ein Zeugnis für die Richtigkeit von Wagners Überzeugung, daß wir *«in unserer Kunst keinen Schritt tun können, ohne auf den Zusammenhang derselben mit der K u n s t d e r G r i e c h e n zu treffen. In Wahrheit ist unsere moderne Kunst nur ein Glied in der Kette der Kunstentwickelung des gesamten Europa, und diese nimmt ihren Ausgang von den Griechen.» (3)*

Trotzdem ist der schöpferische Künstler hier noch geteilt in den Dichter und Musiker Wagner. Die Dichtung zum «Fliegenden Holländer» ist zwar den *«Sümpfen und Fluten»* seiner eigenen Erlebnisse entsprossen, aber noch nicht in dem Maße aus dem Geiste der Musik, wie es die späteren Werke zeigen. Zwar ist er sich seiner Fähigkeiten zum musikalischen Dramatiker durch den «Rienzi» voll bewußt geworden. Ist bei diesem Werk doch der gesamte «Ausdruck» der Musik anvertraut. Aber eben deshalb ist es noch ganz «Oper». Die Möglichkeit jedoch, das «innere Wort» der Musik in die Sprache zu gießen, harrt noch der bewußten Ergreifung. Dazu aber war die Entdeckung der dichterischen Schöpferkraft im «Holländer» eine notwendige Voraussetzung. Wenn Wagner in der «Mitteilung an meine Freunde» schreibt, daß er von da an ein Dichter war, *«der des musikalischen Ausdrucksvermögens für die Ausführung seiner Dichtungen sich im voraus bewußt war»*, so beschreibt er damit einen Prozeß, der sich vom «Holländer» über den «Tannhäuser» zum «Lohengrin» erstreckt, bis er in der Ring-Tetralogie seine volle Entfaltung und Klarheit gefunden hatte.

«Ich hatte dieses Vermögen soweit geübt, daß ich meiner Fähigkeit, es zur Verwirklichung einer dichterischen Absicht zu verwenden, so vollkommen inne war, und auf die Hilfe dieser Fähigkeit beim Fassen dichterischer Entwürfe nicht nur sicher rechnen, sondern in dem Wissen hiervon diese Entwürfe selbst freier nach dichterischer Notwendigkeit gestalten konnte, als wenn ich sie mit besonderer Absicht für die Musik gestaltet hätte.» (2)

Aus dieser vorerst mehr erfühlten, als bewußt ergriffenen Fähigkeit, erfließt der Umstand, daß der «Holländer» auch noch traditionell Opernmäßiges und Arienhaftes aufweist. Auch der Chor ist noch ganz «Opernchor», während er in den folgenden Werken immer mehr zur dramatischen Person erwächst.

Ein anschauliches Zeugnis für die «Halbbewußtheit» seiner ihm bestimmten Mission liegt auch in der Tatsache, daß Wagner nach der Komposition des «Holländers» wieder an eine historische Oper vom Genre des «Rienzi» dachte: «Die Sarazenin». Er selbst beschreibt später diese «Halbbewußtheit», die ihn beim Holländer-Drama leitete, mit den Worten:

«Durch meine Erzählung allein erhellt es, wie ganz ungrundsätzlich ich mit dem fliegenden Holländer meine neue Bahn eingeschlagen hatte. Mit der ‹Sarazenin› war ich im Begriffe gewesen, mehr oder weniger in die Richtung meines ‹Rienzi› mich zurückzuwerfen, um eine große fünfaktige ‹historische› Oper zu verfertigen: erst der überwältigende, mein individuelles Wesen bei weitem energischer erfassende Stoff des Tannhäuser, erhielt mich im Festhalten der mit Notwendigkeit eingeschlagenen neuen Richtung.» (2)

So trägt der «Fliegende Holländer» in Wagners Schaffen tatsächlich ein Janus-Haupt. Der ursprünglich ein-aktig gedachte, schmucklosherbe «Holländer» steht einerseits dadurch in eklatantem Gegensatz zum pomphaften, musikalisch-massenhaften «Rienzi» und gibt mit seiner dichterischen Kraft, dem ersten Auftauchen der Leitmotiv-Technik und dem Bestreben nach einem einheitlichen *«musikalischen Gewebe»* einen Ausblick auf die kommenden Musikdramen und Bühnenfestspiele, andererseits zeigt er sich durch seine offensichtliche Opernstruktur doch mit dem «Rienzi» noch nahe verwandt. In einem Brief an Uhlig über seine Erfahrungen der Züricher Holländer-Aufführung bekennt sich Wagner ganz unumwunden zu dieser Zwienatur des Werkes:

«Die erste Aufführung klärte mich bereits darüber auf, daß ich alle Illusionen für das Drama aufgeben und mich einzig damit begnügen mußte, daß ich das Stück ‹Oper›, das noch im ‹Fliegenden Holländer› steckt, gehörig zur Geltung brächte». (4)

Und an einer weiteren Stelle des selben Briefes erklärt er, er gebe zu, daß der «Holländer» *auch als Oper wirken könne*. *(4)*

Die Uraufführung des «Fliegenden Holländers» fand 10 Wochen nach der «Feuertaufe» des «Rienzi», ebenfalls in Dresden, statt. Das Publikum klatschte fast ebenso frenetisch Beifall, wie beim «Letzten der Tribunen».

Aber Wagner macht sich keine Illusionen: Nach dem Pomp und Schaugepränge der Römer-Oper konnte es ihm nicht entgehen, daß das Publikum von der bedrückenden Düsternis und Dämonie des neuen Werkes enttäuscht war. Enttäuscht, verstimmt, wenn nicht gar gelangweilt. Objektiv, nicht ohne einen Schuß Humor, schreibt Wagner über diese, vor allem auch an der mangelhaften sängerischen Leistung des Hauptdarstellers leidende Premiere:

«Zunächst hatte ich an der im ganzen mißglückten Aufführung mir die Lehre zu nehmen, welcher besonnenen Sorgfalt es bedürfe, um sich des entsprechenden Ausfalles der dramatischen Darstellung meiner neueren Arbeiten zu versichern. Ich erkannte, daß ich mehr oder weniger der Meinung gewesen war, meine Partitur müsse sich ganz von selbst verständlich machen, und meine Sänger müßten ganz von selbst dazu kommen, es mir recht zu machen.» (5)

Doch dem war nicht so! Sein *«braver alter Freund»* Wächter war in seiner Blütezeit zwar ein beliebter «Barbier von Sevilla» gewesen, erfüllte als «Holländer» jedoch in keiner Weise die in ihn gesetzten Hoffnungen.

«Seine gänzliche Unfähigkeit zu der schwierigen Rolle meines energisch leidenden grauenhaften Seefahrers ging leider selbst der S c h r ö d e r - D e v r i e n t zu spät erst in den Theaterproben auf. Das bedenkliche Embonpoint W ä c h t e r s , namentlich sein rundes breites Gesicht, und die sonderbaren Bewegungen seiner Arme und Beine, welche unter seiner Handhabung nur körperliche Stumpfe zu sein schienen, brachten meine leidenschaftliche ‹Senta› zur Verzweiflung. In einer Probe brach sie an der Stelle der großen Szene im zweiten Akt, wo sie zu dem erhabenen Trost der Heilsverkündigung in der Stellung eines Schutzengels zu ihm trat, plötzlich ab, und raunte mir leidenschaftlich in das Ohr: ‹Wie kann ich's herausbringen, wenn ich

in diese kleinen Rosinenaugen blicke? Gott, Wagner, was haben Sie da wieder gemacht?›». (5)

Nein, Wagner gab sich keiner Täuschung hin; der Erfolg war in Wahrheit ein Mißerfolg. Er fühlte nur zu deutlich das enttäuschte Staunen des Publikums darüber, *«wie ich nach dem ‹Rienzi›, wo doch in jedem Akte so sehr viel vorging, und Tichatschek in immer neuen Anzügen glänzte, nun dieses so gänzlich schmucklose, dürftige und düstre Werk hätte bieten können».* (5)

Die Oper erlebte nur vier Vorstellungen, *«bei denen der sich vermindernde Andrang des Publikums genügend zu erkennen gab, daß ich es hiermit den Dresdnern nicht recht gemacht hatte.»* (5)

Trotzdem! Mit der Holländer-Partitur war die entscheidende Wendung in Wagners Schaffen und seinem späteren Schicksal eingeleitet. Und eines seiner schönsten Erlebnisse in dieser Zeit schwerer Enttäuschung war die warme Anteilnahme Ludwig S p o h r s, der sich, ohne einer diesbezüglichen Bitte von seiten Wagners, des «Holländers» annahm und ihn umgehend in Kassel zur Aufführung brachte. Wagner fürchtete zunächst für diese Gunst, da es ihm unverständlich schien, wie dieser Altmeister Geschmack finden konnte an der von ihm eingeschlagenen neuen, jugendlichen Richtung. Um so größer war die Beglückung, als er sich von einer reinen und selbstlosen Freundestat überzeugen durfte:

«Wie war ich erstaunt und freudig überrascht, als dieser graue, von der modernen Musikwelt schroff und kalt sich abscheidende, ehrwürdige Meister in einem Briefe seine volle Sympathie mir kundtat, und diese einfach durch die innige Freude erklärte, einem jungen Künstler zu begegnen, dem man es in Allem ansähe, daß es ihm um die Kunst Ernst sei! Spohr, der Greis, blieb der einzige deutsche Kapellmeister, der mit warmer Liebe mich aufnahm, meine Arbeiten nach Kräften pflegte und unter allen Umständen mir treu und freundlich gesinnt blieb». (2)

Ouvertüre

Mit einem fahlen, aber scharfen Quintenklang der Geigen auf «d», als jäher Anriß einsetzend, beginnt in ungestümer, wilder Bewegung die Ouvertüre, die – losgelöst vom Drama, als Konzertstück für sich genommen –, ein Instrumentalsatz von außerordentlicher tonmalerischer Kraft ist. Kaum wurde vor Wagner die Macht der Elemente mit solch realistischer Intensität und Plastik beschworen, wie in diesem, von Sturm und Wogengischt erfülltem Stück. In Verbindung mit dem Drama allerdings ist die Ouvertüre nicht allein als sturmbewegter Meereszauber zu verstehen, nicht als äußere Schilderung ungebändigter Elementargewalten, sondern gleichermaßen als düster-tragisches Seelengemälde des Holländer-Wesens. Dieser Gleichklang von «Innen» und «Außen» wird gleich durch den Einsatz der Hörner im dritten Takt (mit Auftakt) offenbar, die das Holländer-Motiv intonieren, das ebenso ein echtes Sturm-Motiv bedeutet, wie es die Holländer-Gestalt charakterisiert und im Verlauf des Dramas auch zum Seemannsruf seiner gespenstischen Mannschaft wird.

Beim zweiten Erklingen des Themas fegen chromatische Leitergebilde darüber hinweg, die mit ihrer geisterhaft aufheulenden Rhythmik ebenfalls Zeugnis ablegen für die aufgepeitschten Elemente wie für das Getriebenwerden der Holländerseele. Ein aufgellender verminderter Septakkord löst wilde Akkordstöße aus, in denen der Quintenruf des Holländer-Themas sich drohend und trotzig aufbäumt.

bis der Sturz in den d-Moll-Dreiklang alle Schrecken des im Sturm aufbrausenden Meeres entbindet:

Angst und Grausen liegt auf dieser Musik, die mit ihrer gespenstischen Schwärze wie jedes entfesselte Elementargeschehen niederdrückend und erhebend zugleich ist.

Als Holländer- und Sturm-Motiv zeigt uns der Quintenruf des Kopfthemas die unentrinnbare Fesselung der Holländer-Gestalt an die Gewalt der Elemente. Die unheimliche Leere dieser Quintenmotivik prägte sich Wagner schon als Knabe beim Stimmen der Streichinstrumente unauslöschlich ein, wie wir seiner Selbstbiographie «Mein Leben» entnehmen können, in der es heißt, daß ihm das Anstreichen der Quinten auf der Violine wie «die *Begrüßung aus der Geisterwelt dünkte*», und daß für ihn schon als «*kleinstes Kind*» der Klang dieser Quinten «*mit jenem Gespensterhaften zusammenfiel*» (1), das ihn seit je aufregte. Und als der Jüngling dann zum erstenmal der IX. Symphonie Beethovens begegnete, mit ihren reinen Quint-Klängen zu Beginn des ersten Satzes, da fühlte er sich in der tiefsten Tiefe seines Wesens berührt:

«Was mich beim Anblick der mühsam verschafften Partitur sogleich wie mit Schicksalsgewalt anzog, waren die lang andauernden reinen Quintklänge, mit welchen der erste Satz beginnt: diese Klänge, die, wie ich erzählte, in meinen Jugendeindrücken von der Musik eine so geisterhafte Rolle spielten, traten hier wie der gespenstische Grundton meines eigenen Lebens an mich heran.» (I)

Tatsächlich ist der Gleichklang der Thematik zwischen dem Holländer-Thema und dem Beginn der «Neunten» nicht zu überhören. Bei Beethoven bringen die ersten Geigen, die Violen und Kontrabässe einen Quint-Quart-Sturz: e-a, a-e, e-a, wobei sich dieses Geschehen auf der Tonika und Dominante des Oberdominant-Komplexes der Haupttonart d-Moll abspielt. Im Holländer-Motiv richten sich die Intervallschritte voll Trotz empor und ergreifen unmittelbar die Tonika und Dominante der Haupttonart d-Moll. So daß der ersten fallenden Quinte in der «Neunten» hier ein herrisch sich aufrichtender Quartenruf gegenübersteht, während die weiter in die Tiefe stürzende Quart der Beethoven-Symphonie hier zum steil sich aufrichtenden, die Oktave ertrotzenden Quintenruf wird:

Neunte Symphonie:

(Grundton: A . . . .)

Holländer-Motiv:

So hinterläßt dieses *«mehr rhythmische als melodische»* Holländer-Motiv, wie Franz L i s z t es charakterisierte, *«den Eindruck eines bei dem Zucken des Blitzes wahrzunehmenden Schattens, dessen Umrisse und Bewegungen in unserer Erinnerung haften bleiben.»* (2)

Nach einem furchtbaren Ausbruch geballter, chromatisch absinkender Septimenakkorde bricht das Getöse der wildtobenden Elemente in sich selbst zusammen. In einem langgezogenen Diminuendo klaren sich die Harmonien nach Dur auf, der Holländer-Ruf verhallt schließlich in eine spannungsgeladene Stille. Damit ist der «Hauptsatz» der Ouvertüren-Exposition zu Ende.

Der «Seitensatz» steht in F-Dur, der Parallele von d-Moll und bringt als zweites Grundthema des Werkes das «Erlösungs-Motiv», das wir mit der Gestalt Sentas identifizieren dürfen. Der melancholisch-verhaltene, traurig-schüchterne Klang des Englischhorns intoniert sein inniges Melos:

Das Thema wird in der «Ballade» die fromme Bitte um Erlösung aussprechen, die einst dem Holländer zuteil werden soll. Von der Terz, dem «Herz» des Dreiklangs seinen Ausgangspunkt nehmend, senkt sich die Melodik zunächst zu ihrem Grundton hinab, neigt sich hingebungsvoll der Quinte und tieferen Oktav ihres Ausgangspunktes zu, um dann diese Tiefe emporzuheben zur Oberquint, wobei es im Durchschreiten zur Höhe den milden Glanz des F-Dur-Akkordes in aller Innigkeit erstrahlen läßt. Mit dem Erreichen der Oberquint klingt die rührende Thematik in einem Sekund-Melisma aus.

Der Abgesang der Exposition, man könnte an die Schlußgruppen-Funktion in der Sonate denken, läßt diese melismatische Sekund-Figuration weiterklingen und macht sie zu einem selbständigen Motiv, das im Drama später zum «Matrosenruf» wird:

Eine Stelle voll Poesie, in der die Verzagtheit einer Seele zum Aufklingen kommt, der ein tragisches Geschick den Willen zum Leben geraubt, den erlösenden Tod jedoch vorenthalten hat. In seiner «Programmatischen Erläuterung» zur Holländer-Ouvertüre schreibt Wagner:

«Das furchtbare Schiff des ‹fliegenden Holländers› braust im Sturme daher; es naht der Küste und legt am Lande an, wo seinem Herren dereinst Heil und Erlösung zu finden verheißen ist; wir vernehmen die mitleidsvollen Klänge dieser Heilsverkündigung, die uns wie Gebet und Klage erfüllen: düster und hoffnungslos lauscht ihnen der Verdammte; müde und todessehnsüchtig beschreitet er den Strand, während die Mannschaft, matt und lebensübernächtig, in stummer Arbeit das Schiff zur Ruh' bringt.» (3)

In der Tat bergen diese ausklingenden Requiemtöne der Exposition das ganze Wesen des Holländers: sein ostinates, fragendes Namens-Motiv in der Oberstimme, die sinkenden Harmonien, die, in ihrer Schwebe bleibend, den festen Boden der Tonika nicht erreichen und uns den bangen Blick zur Erde hin verdeutlichen, dazu der mahnend-ernste Posaunenton –, alles das spricht von den stummen Qualen dieser schwergeprüften Menschenseele.

Ein anschwellender Paukenwirbel, in dem die Exposition hinein verhallt, leitet zum Durchführungsteil über, in dem sich neues Themenmaterial formt. Zunächst ist es das erneut aufbrausende Motiv der Irrfahrt, das im schwärzesten d-Moll losbricht. Aber über dem Sturm seiner aufgischenden Wogen-Rhythmik liegt klagend der Sehnsuchtsruf nach endlicher Ruhe im Tode: «Doch acht! den Tod, ich fand ihn nicht».

Todesfehnſuchts-Motiv
Allegro con brio

Chromatische Rückungen in den Bässen, der sich zur Oktav dehnende Holländerruf, tobende Affekte in überraschend harmonischen Wendungen, dazu die brausende Fülle der Instrumentation, alles das gibt uns mit packender Anschaulichkeit ein tönendes Bild der ruhelosen Meerfahrten dieses Seemanns.

Ein zweites Melos, ebenfalls dem späteren Holländer-Monolog entnommen, wird in den Durchführungsteil einbezogen: «Wie oft in Meeres tiefsten Grund...» und schildert uns das vergebliche Aufsuchen der wildesten Zyklone und gefährlichsten Klippen. Da tragen die Wellen dröhnende Rufe herüber, man könnte an die mit Wind und Wetter kämpfenden, durch ein Sprachrohr verstärkten Seemannskommandos denken. Dieser «Matrosenruf» leitet den zweiten Abschnitt der Durchführung ein und bereitet den derb-fröhlichen Matrosenchor vor, der sich im Drama zu ausgelassenem Tanz und übermütiger Lustigkeit steigern wird.

Thema des Matroſenchores
Molto animato

Wagner spricht in seinen Erläuterungen von dem «*rüstigen Vorbei-streichen eines Schiffes*», von dem «*lustig traulicher Gesang*» herübertönt. Die Holländer-Gestalt, gefesselt in den Elementen, aber ist eins mit Sturm und Wogen, und das aufklingende Matrosenlied bringt ihr Kunde vom Glück des Lebens, das ihr nie beschieden ist und ihre Qual nur verdoppelt.

Das musikalische Element dieser Episode ist in seiner köstlichen Frische und Volkstümlichkeit von größtem Reiz. An prächtigen Details fehlt es nicht; so etwa der das Lachen der Seeleute versinnbildende Triller in den Flöten, die aufsteigende Pizzikato-Skala, die uns zum eigentlichen Matrosenlied hinführt, schließlich der von Tatkraft und Naturfreudigkeit kündende Rhythmus dieses Liedes selbst –, alles das sind Instrumentationseffekte von außerordentlicher Wirkung.

Doch nicht lange währt diese ungetrübte Heiterkeit. Um die frohen Motive gischt und brodelt es, pfeifend aufheulende chromatische Leitergefüge unterspülen das feste Fundament des F-Dur-Gesanges, der Orkan setzt mit neuer Gewalt ein, bis eine Sturmböe alle Lebenslust hinwegfegt und sich das Holländer-Thema «molto marcato», zuerst in As-Dur, dann im düstersten b-Moll aufrichtet und die Harmonien schließlich in ein auswegloses c-Moll stürzt, in dem sich das abgewandelte Holländer-Motiv erneut mit den leidvollen Themen aus dem kommenden Monolog verbindet: «Wie oft in Meeres tiefstem Grund» und: «Doch ach! den Tod, ich fand ihn nicht.»

Der dritte Abschnitt der Durchführung hebt an. Zerrissene Motiv-Reminiszenzen an das heitere Seemannslied klingen hinein in den Aufruhr der Elemente, kurze Erinnerungen an die Freuden der Glücklichen und Einfachen. Aber sie gehen unter in dem dämonischen Getöse der Meeres-, wie der Seelenfluten.

Mit genialem Griff jedoch weiß Wagner auf diese brausende Tonwelt einen hellen Schein zu werfen, wie das rettende Licht eines Leuchtfeuers: Die Senta-Melodik fließt hinein in die drohende Dämonie, und mit der ganzen Lichtfülle von Dur ersteht das Erlösungsthema. Durch chromatische Zwischengruppen aufgespalten, weiß es sich in immer hellerer Glanz zu manifestieren, wie ein unerschütterliches Felsenriff, gegen das die wildeste Brandung vergeblich anstürmt. F-Dur, G-, A- und schließlich D-Dur, das sind die strahlenden Harmonien, in denen das Erlösungsthema, gleich einer Offenbarung von oben, aufleuchtet. In den Erläuterungen lesen wir dazu:

«Wie oft lenkte er sein Schiff aus den Meeresfluten nach dem Strande der Menschen, wo ihm nach jeder siebenjährigen Frist zu landen vergönnt war; wie oft wähnte er das Ende seiner Qual erreicht, und ach! – wie oft mußte er furchtbar enttäuscht sich wieder aufmachen zur wahnsinnig irren Meerfahrt! Seinen Untergang zu erzwingen, wütete er hier mit Flut und Sturm gemeinsam wider sich: in den gähnenden Wogenschlund stürzte er sein Schiff, – doch der Schlund verschlang es nicht; zur Brandung trieb er es an die Felsenklippe, – doch die Klippe zerschellte es nicht. All' die schrecklichen Gefahren des Meeres, deren er einst in wilder Männertaten-Gier lachte, jetzt lachen sie seiner – sie gefährden ihn nicht: er ist gefeit und verflucht, in alle Ewigkeit auf der Meereswüste nach Schätzen zu jagen, die ihn nicht erquicken, nie aber zu finden, was ihn einzig erlöste! – Rüstig und gemächlich streicht ein Schiff an ihm vorbei; er vernimmt den lustig traulichen Gesang der Mannschaft ... Grimm faßt ihn bei diesem heiteren Behagen; wütend jagt er im Sturm vorbei, schreckt und scheucht die Frohen, daß sie in Angst verstummen und fliehen. Aus furchtbarem Elend schreit er da auf nach Erlösung ... Da bricht ein Licht in die Nacht ... Es verlischt und wieder strahlt es auf; der Seemann faßt den Leuchtstern fest ins Auge und steuert durch Flut und Woge auf ihn zu ...» (3)

Das Licht scheint auch den ganzen Rest der Durchführung zu ergreifen und ihre Harmonie endgültig nach D-Dur zu wenden. Aber da meldet sich noch einmal mit furchtbarer Heftigkeit das Holländer-Motiv in h-Moll, von wütenden Passagen wie von Dämonen umheult. Dann ein jäher, krachender Schlag auf einem verminderten Septakkord – und Schweigen, atemberaubendes Entsetzen.

Dieses, durch die Generalpause am Ende der Durchführung ausgelöste Spannungsmoment zieht sich auch in den Beginn der Koda hinein. Die verminderte Septakkord-Harmonie, die schlagartig das musikalische Geschehen zum Schweigen brachte, bricht sich in hektisch aufschäumende Zerlegungen und wird von den Geigen in stürmischer Bewegung zum zweiten Hauptthema, dem erlösenden Senta-Motiv emporgetragen. Diesem Höhepunkt schließt sich der jubelnde Schlußgesang aus der Senta-Ballade an: «Ich sei's, die dich durch ihre Treu erlöse» – Prophetie auf die verheißene Erlösung.

Immer wieder in herrlichen harmonischen Verschiebungen aufklingend, wird dieses Melos wie durch farbige Lichtsphären hindurchgeführt, von einem unaufhaltsamen Zug nach oben ergriffen. Mit ekstatischem Jubel, mit einem Frohlocken durch Tränen steigt die erlöste Seele zu den Toren des Himmels empor, wo der «Cherub vor Gott» steht. Wie in Beethovens «Neunter Symphonie» entfaltet sich auch hier ein sieg-strahlendes D-Dur, in das sich das Holländer-Motiv, von Blechbläsern in breiten Notenwerten intoniert, von reichem Figurenwerk der Streicher umrankt, nunmehr gestellt sieht.

Seinen ergreifendsten und reinsten Ausdruck aber findet dieses Erlösungswunder in der Schlußwendung zur Subdominante, wenn noch einmal das von Flöten und Oboen gesungene Senta-Motiv (in G-Dur) erklingt, verklärt von Arpeggien der Harfen. Wie eine zarte, klingende Lichtwolke schwebt es über dem Meere, dessen Frieden der ruhelose Seemann nun endlich gefunden hat. Eine leise, allerletzte nach Moll tauchende Vorhaltswendung in den Violinen führt zum beseelten Schlußakkord der Ouvertüre.

Richard Wagner:

«Ein Herz erschloß seine unendlichste Tiefe dem ungeheuren Leiden des Verdammten: es muß sich ihm opfern, vor Mitgefühl brechen, um mit seinem Leiden sich zu vernichten. Vor dieser göttlichen Er-

scheinung bricht der Unselige zusammen, wie sein Schiff in Trümmer zerschellt; der Meeresschlund verschlingt dies: doch den Fluten entsteigt er, heilig und hehr, von der siegprangenden Erlöserin an rettender Hand der Morgenröte erhabenster Liebe zugleitet.» (3) Ein tönendes Kolossalgemälde, das uns in höchster Dramatik vom Wesen und Schicksal der Holländer-Gestalt Kunde gibt.

Erster Aufzug

Erste Szene

Nach dieser prachtvollen Tonvision der Ouvertüre sehen wir uns beim Heben des Vorhanges zum ersten Akt an ein steiles Felsenufer einer wilden norwegischen Küstenlandschaft geführt. «Das Schiff Dalands hat soeben dicht am Ufer Anker geworfen»; es flüchtete vor dem heulenden Sturm in diese schützende Bucht. Die «geräuschvolle Arbeit» der Matrosen, die am Ankerspill beschäftigt sind Segel aufzuhissen und Taue auszuwerfen, wird von einer entsprechenden Musik begleitet, welche die Rhythmen der Seemannsarbeit mit tonmalenden Naturmotiven verbindet. Während in den Bässen ein schwerfälliges Motiv mit charakteristisch betontem leichtem Taktteil wuchtet, tragen die Streicher in stetigem Crescendo eine knappe, das Wogenbrausen nachzeichnende Figuration in immer höhere Tonfolgen empor, bis sie in einen wild aufbrechenden Fortissimo-Akkord hineinstürzt, der in aufheulender Chromatik auf- und abwogende Sextolen-Passagen entbindet.

Dieses, das Pfeifen des Sturmes nachmalende Motiv ist der späteren Ballade Sentas nachgebildet: «Hui! Wie pfeift's im Tau! Johohe!» Ein zweiter chromatischer Lauf führt erneut zu einem verminderten Septimenakkord, in den hinein die Matrosen ihr «Hallo-jo!» rufen, das von Hörnern hinter der Szene als zweifaches Echo zurücktönt:

Zweifellos schwingt in diesem Echo auch Wagners eigenes Erlebnis mit, als er sich bei der stürmischen Überfahrt nach London an dem Echo begeisterte, das die *«ungeheuren Granitwände»* widerhallen ließen. Der muntere Matrosenruf – eine rhythmisierte, immer wiederkehrende große Sekund: «Ho-He-He-Ja»

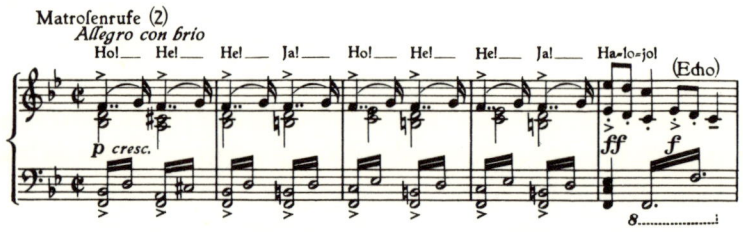

stellt einen Grundrhythmus der Holländer-Musik dar. Kann er uns hier als Tonsymbol für die mechanische Bewegung des Ankerwerfens gelten, so wird er sich zu Beginn des zweiten Aktes, beim Surren der Spinnräder, zum Motiv munterer Emsigkeit wandeln. Im übrigen hat bereits Georg Friedrich H ä n d e l in seinen Oratorien diese Sekund-Rhythmik als Ausdruck einer lebhaften Gebärde oder akzentuierten Bewegung wiederholt verwendet.

Seeluft weht uns entgegen in dieser einleitenden Szene; als Zuschauende fühlen wir uns mitten hineingestellt in die Natur und ihre Elemente. Wagners immense Fähigkeit, der Elementenwelt ihre Laute, ihren webenden Naturgesang abzulauschen, die er in seinen späteren Werken in so einzigartiger Weise unter Beweis stellt, kündigt sich in dieser Sturmrhapsodie der Holländer-Musik bereits machtvoll an.

Nun muß sich eine spirituelle Werkbetrachtung allerdings fragen, was Wagner im Inspirationsaugenblick tatsächlich hörte und abbildhaft, im tönenden Klangbild nachzeichnete? Sind es nur die Eindrücke, die unsere Sinnesorgane empfangen, wenn wir von «Tonmalerei» sprechen, die uns durch Töne das Brausen des Sturmes, das Rauschen der Wellen, usw. erleben lassen? Wir, die wir so sehr an unsere Sinneswahrnehmungen gebunden sind, haben vorerst keinen anderen Gedanken, als daß sich in dem tonmalenden Element möglichst getreu spiegeln müsse, was die Sinne wahrnehmen, wie etwa das eben erwähnte Heulen des Sturmes, das Krachen des Donners oder die Gischt der Wogen. Dies würde jedoch bedeuten, daß die Musik zur Schilderung außermusikalischer Inhalte gebraucht bzw. mißbraucht würde. Tonmalerei aber bedeutet nicht Illustration, die einen äußeren Naturvorgang vortäuschen will. Goethe hat auch hier, wie so oft, den Kern des Problems getroffen, wenn er in einem Brief an Zelter schreibt, Tonmalerei sei *«eine Art Symbolik für das Ohr, wodurch der Gegenstand weder nachgeahmt noch gemalt, sondern in der Imagination auf eine ganz eigene und unbegreifliche Weise hervorgebracht wird, indem das Bezeichnete mit dem Bezeichnenden in fast gar keinem Verhältnis zu stehen scheint».*

Vergegenwärtigen wir uns nochmals die lebendige Unmittelbarkeit dieser einleitenden Szene, durch die wir uns in die Natur und ihre Elemente hineingestellt fühlen, erinnern wir uns auch an die elementare Erlebniskraft der Ouvertüre, dann muß sich uns doch die Frage stellen, wie es möglich ist, daß die Mittel, mit denen das Toben der Elemente geschildert wird – nämlich die musikalisch gestaltete Tonwelt – in keinerlei «Verhältnis» stehen zu dem, was sie schildern, und doch ein gleiches Erlebnis erwecken. Denn auch Wagner beschränkt sich, wie vor ihm Bach und Beethoven, bei seiner «Tonmalerei» auf rein musikalische Ausdrucksmittel. Technische Apparaturen wie Wind- oder Donnermaschinen, die darauf abzielen, den akustischen Gleichklang mit den jeweiligen Naturgeräuschen zu vermitteln, finden keinerlei Verwendung. Der entscheidende Faktor muß sich daher innerlich, im seelischen Bereich, vollziehen. Dies aber kann nur dann der Fall sein, wenn sich auch die Sinneswahrnehmung nicht bloß auf einen äußeren Vorgang beschränkt. Denn das musikalische Erlebnis ist ja stets ein innerlich-seelisches. Und wenn es die Musik möglich macht, daß wir äußere Naturereignisse durch sie so plastisch vermittelt bekommen, daß wir förmlich in ihnen aufzugehen scheinen, dann muß sich auch bei diesen äußeren Ereignissen gleichzeitig ein innerlicher Prozeß abspielen, der es erlaubt, mit völlig anderen Mitteln ein Gleiches auszudrücken. Auf diesen Gleichklang von «innen» und «außen» verweist Goethe poesievoll in seinem mit «Epirrhema» überschriebenen Vers:

> *«Müsset im Naturbetrachten*
> *Immer eins wie alles achten;*
> *Nichts ist drinnen, nichts ist draußen:*
> *Denn was innen, das ist außen.*
> *So ergreifet ohne Säumnis*
> *Heilig öffentlich Geheimnis.»*

Hier liegt der Schlüssel zu diesem geheimnisvollen Phänomen der Tonmalerei. Der Mensch ist gleichsam als ein «Konzentrat» von alledem anzusehen, was «draußen» ist; als ein «Mikrokosmos», von demselben Geist erfüllt, der hinter allen Erscheinungsformen seiner Umwelt bildend und schaffend west. Und mit seinem Ich lebt der Mensch in beiden Bereichen. Im gleichen Maße, als sich dieses Ich hineinversenkt in die Tiefen der Seele, ist es auch mit seiner Geistnatur ausgebreitet im Kosmos. Rudolf Steiner weist sehr eingehend auf diese Tatsache hin, daß der Mensch *«in Wahrheit immer ausgebreitet ist über den Horizont, den er überschaut».* (1) So wird ihm durch seinen Organismus ins Bewußtsein gespiegelt, was er mit seinem geistig-seelischen Wesen erlebt. Das bedeutet, daß ein Eindruck, den wir von außen empfangen, sofort mit etwas in uns korrespondiert, das qualitativ gleicher Wesensart ist. Und diese innere Korrespondenz ist das Wesentliche; was unser Auge erblickt, ist immer *«physiognomischer Ausdruck für die Seele».* (1) Nicht auf die äußere Kontur kommt es an, sondern darauf, *«daß die Seele sich als ihre Form diese Linien gibt. Dann kann man das, was in der äußeren Natur uns* umgibt, so ansehen, wie wenn es auch eine äußere Physiognomie wäre».(1)

Die Wolken, der Flug des Vogels, die Farbe einer Blume, ein aufziehendes Gewitter oder das Brausen der Meereswogen, sie affizieren unser Seelenleben, in welchem jedoch unser Ich wirksam ist, das, ausgebreitet über den ganzen Wahrnehmungshorizont, der Seele gleichzeitig den Geistgehalt des Erlebten als reine Empfindung vermittelt. Und diese, im Empfindungsbereich verbleibende Vorstellung, wandelt sich nach den Gesetzen dieser astralen Sphäre in die Sprache der Musik, d. h. es hat sich die Transformation zu einem T h e m a , einem musikalischen Gedanken als «Empfindung gebliebene Vorstellung» vollzogen. Davon weiß H a y d n zu berichten, wenn er meint:

«Andere Compositeurs setzen sich ans Clavier und phantasieren sich vor, bis sie sich aus Wust und Verirrung selbst nicht mehr herausfinden. Ich suche meine Ideen lieber auf der Gasse und im Freien. Manchmal copire ich einen Baum, einen Vogel, eine Wolke.» (2)

Noch deutlicher umreißt diesen inneren Vorgang, durch den sich eine Anregung von «außen» zum musikalischen Gedanken transformiert, Claude D e b u s s y in einem Interview zu Henri Malherbe für die Zeitschrift «Excelsior», am 11. Februar 1911:

«Wer wird das Geheimnis des musikalischen Schöpfungsvorganges verstehen? Das Geräusch der Meereswogen, das Rund des Horizonts, der Wind in den Blättern und der Schrei des Vogels, alles dies hinterläßt in uns vielfältigste Eindrücke. Und plötzlich, ohne daß man im geringsten daran denkt, stellt sich einem eine dieser Erinnerungen wieder ein und wandelt sich in die Sprache der Musik. Sie trägt ihre Harmonie in sich. Keinerlei Anstrengung wird etwas Besseres und Genaueres ausfindig machen können.» (3)

Den äußeren Anstoß zu einem künstlerischen Einfall scheint wohl die Sinneswahrnehmung zu geben, wie Wagner sie z. B. bei der stürmischen Überfahrt von Riga nach London für seine Holländer-Musik empfangen hatte. In Wahrheit aber spricht diese «Empfindung gebliebene Vorstellung» von dem hinter der Sinneswahrnehmung verborgenen Geistigen; in unserem Falle von den Vorgängen in der ätherischen Welt. Denn der tatsächliche Inspirations-Impuls, der sich in Musik transformiert, ist das durch die geistige Ich-Wahrnehmung affizierte Seelenerlebnis. Und wir könnten daher auch sagen, was die Sturm-Motivik dieser Musik schildert, ist das dämonisierte, in Meer und Wind dahinbrausende Heer von Elementargeistern, die das mythologische Bewußtsein zur Holländer-Gestalt und seinem Gespenster-Schiff verdichtet und personifiziert hat. So kann es daher auch sein, daß die musikalische Gestaltung eine scheinbare Analogie zur Sinneswahrnehmung anklingen läßt, doch dürfen wir nicht in den Irrtum verfallen zu glauben, daß deshalb – wenn es sich nicht um gewollte illustrative Programmusik handelt – dieses äußere Ereignis zur bewußten Vorlage der musikalischen Transformation wurde. So gesehen, bedeutet die musikalische Gestaltung nicht bloße Tonsymbolik, sondern spiegelt geistige Realität. Es wird daher auch unsere Aufgabe sein, an gegebener Stelle die Hauptthemen der Holländer-Musik von dieser Perspektive aus zu beleuchten. Vorerst jedoch sei die Handlung des Dramas weiter verfolgt.

Daland, der zwar wetterharte, aber in seinem Wesen doch sehr behäbige Kapitän des Schiffes, ist inzwischen an Land gegangen, um die Bucht zu erkunden.

> «Kein Zweifel! Sieben Meilen fort
> Trieb uns der Sturm von sichrem Port.
> So nah dem Ziel nach langer Fahrt,
> War mir der Streich noch aufgespart!»

Der Streich, den ihm der brutale Sturm gespielt hatte, steigert die Sehnsucht nach Heim und Familie nur um so mehr, da er sich ihnen schon so nahe wähnte:

> «Sandwike ist's! Genau kenn ich die Bucht. –
> – Verwünscht! Schon sah am Ufer ich mein Haus,
> Senta, mein Kind, glaubt' ich schon zu umarmen! –
> Da bläst es aus dem Teufelsloch heraus ...
> Wer baut auf Wind, baut auf Satans Erbarmen!»

Das liebenswürdige, aber doch konventionelle Gepräge des Melos, in das sich diese Worte kleiden, zeichnet treffend die Biederkeit dieses gutmütigen, doch stets auf seinen Vorteil bedachten Philisters. Sie wird allen Gesängen Dalands ihren Stempel aufdrücken. Trotzdem spricht er hier eine tiefere Wahrheit aus, als er selbst ahnt. Die Verschlagung seines Schiffes, der Sturm und das Unwetter sind Vorboten des Kommenden und hängen mit dem Nahen des Holländer-Schiffes unmittelbar zusammen. Denn der «Holländer» kann nur in Gewitter und Sturm erscheinen. Ein sanftes Dahingleiten seines Schiffes bei ruhiger See würde die Schrecken und Grausen verbreitende Gestalt unweigerlich zur Karikatur ihrer selbst machen.

Allmählich ebbt der Sturm vorerst jedoch ab. Zwar saust er noch im Takelwerk, aber die Wellen, die so mächtig wider das Schiff brandeten und es sieben Meilen von seinem Ziel abtrieben, beginnen sich zu beruhigen.

> «Nun, Steuermann, die Wache nimmst du wohl für mich?
> Gefahr ist nicht, doch gut ist's, wenn du wachst.»

Nur vereinzelt wogt im Orchester noch das chromatische Wellenspiel der Sextolen,

unterbrochen bereits von der Motivik des späteren Matrosentanzes, vom Horn und Fagott intoniert und aufzeigend, wie die Gedanken des jungen Steuermanns nach überstandenem Sturm bereits zu Tanz und Lustigkeit nach Hause schweifen. Genial jedoch ist die Art, wie Wagner diese heiteren Weisen in das verebbende Wellenspiel hineinkomponiert. Denn der kecke Nonensprung, mit dem der Matrosentanz anhebt, nimmt sich hier wie ein jäher Wellenschlag aus, der das ganze Schiff mit sich emporhebt, um es in der absteigenden Melodik sanft wieder den Wellenberg hinabgleiten zu lassen. Immer intensiver wenden sich die Gedanken des jungen Seemanns der Heimat und seinem «Schatze» zu. Ermüdet von den überstandenen Anstrengungen kämpft er gegen den Schlaf, der ihn zu übermannen droht, wacker an und singt jene als «Steuermannslied» inzwischen berühmt gewordene zärtliche Weise, in der sich Verliebtheit und Wagemut gleichermaßen mischen.

«Mit Gewitter und Sturm aus fernem Meer –
Mein Mädel, bin dir nah!
Über turmhohe Flut vom Süden her –
Mein Mädel, ich bin da!»

Die Schönheit dieser Melodie, zu Beginn frei, ohne Orchesterbegleitung vorgetragen, beruht nicht zuletzt auf dieser freien und von starker Empfindung sprechenden Deklamation der Verse. Der Liedanfang entspricht exakt dem Sprachrhythmus. Man achte auf die Vierteltriole im ersten Takt, als musikalische Entsprechung des daktylischen Versmaßes. Formal läßt sich hier bereits jener «Baustein» erkennen, der einer der Hauptträger der Formstrukturen von Wagners späterer Bühnenfestspiele sein wird: die Bar-Form. Denn die beiden hier zitierten Verspaare stehen einander als zwei fast gleichlautende, viertaktige «Stollen» gegenüber, denen ein achttaktiger «Abgesang» folgt:

«Mein Mädel, wenn nicht Südwind wär',
Ich nimmer wohl käm' zu dir:
Ach, lieber Südwind, blas noch mehr!
Mein Mädel verlangt nach mir.»

Der Charakter dieser Melodik spricht von volksliedhafter Innigkeit.

Dem Abgesang folgt schließlich ein aus dem Matrosenruf abgeleiteter Refrain: «Hohohe! Jolohe! Holoje! Ho! Ho!», dessen anhebender Oktavschritt auf die spätere Senta-Ballade weist.

Nach der ersten Strophe, für die die Wachheit des Müden noch ausreichte, sie in einem Zuge, ohne Pause durchzusingen, gewinnt der Schlaf über ihn die Oberhand. «Eine Woge schwillt an und rüttelt heftig das Schiff.» Im Orchester zischen die chromatischen Passagen wieder auf, der Sturm setzt erneut ein. Der Steuermann fährt auf und überzeugt sich, daß kein Schaden angerichtet wurde, dann läßt er sich erneut am Ruder nieder. Mit feinstem Humor zeichnet bei der zweiten Strophe die Musik die zunehmende Ermattung des Sängers, dem schließlich die Augen ganz zufallen. Der heitere Seemannsrefrain verstummt mitten im «Je holla ho!». Die bisher den Gesang beherrschende B-Dur-Harmonie geht verloren und macht einem h-Moll Platz, in dem ein schrill aufpfeifender Ton die Luft durchzieht und den gespensterhaften Augenblick vorbereitet, in welchem mit blutroten Segeln das Schiff des Holländers in der gleichen Bucht vor Anker geht. Zuerst verhalten in Hörnern und Fagott, dann laut und schmetternd in Trompeten, Posaunen und Tuba, ertönt mit seiner hohlen Quart-Quint-Intervallik das Holländer-Motiv, in gehetzten chromatischen Tonfolgen einem grell aufbrechenden verminderten Septakkord zueilend, bei dessen Eintritt der Anker «mit einem furchtbaren Krach» in den Grund sinkt.

Der Steuermann zuckt aus dem Schlaf auf; Reminiszenzen an die Matrosentanz-Motivik begleiten den flüchtigen Blick auf das Steuer, dann sinkt er mit seiner eigenen Liebesweise wieder in Schlaf zurück. Die bleiernen Sekunden der «Hoe-Rufe» untermalen im Orchester mit starrer Mechanik das Treiben der gespenstischen Mannschaft, die «stumm und ohne das geringste Geräusch die Segel aufzieht». Ihr Kapitän aber betritt das feste Land; mit hoffnungsloser Apathie verhallt das Holländer-Motiv in düsterem h-Moll.

Rückblickend läßt sich sagen, daß diese erste Szene dem künstlerischen Zweck dient, die Ankunft des Gespensterschiffes entsprechend eindringlich vorzubereiten. Gleichzeitig konfrontiert sie uns in packender Dramatik mit jener Zwiespältigkeit, die in vielfachen Varianten unser Dasein durchzieht: hier die biedere, selbstzufriedene Daland-Welt, der es um das Wohlergehen alles Kreatürlichen zu tun ist, in der Gefahren nicht fehlen, sowie die Freude an ihrer Überwindung, und auch Liebe und Sehnsucht ihren Platz haben; dort dagegen ein wilder, ruhelos-zwielichtiger Trotz, dessen Übermut sich der widergöttlichen Dämonie ausgeliefert sieht, umdüstert von Hoffnungslosigkeit und dem vergeblichen Sehnen sich je daraus befreien zu können.

Zweite Szene

Der große Monolog des Holländers, der die ganze zweite Szene beherrscht, wird von Wagner zwar noch als «Arie» bezeichnet und beginnt auch mit einem dramatischen Sprechgesang nach Art des «Recitativo accompagnato» in hergebrachter Operntradition, in seiner Anlage jedoch sprengt er sowohl seinem Inhalt, wie seiner Form nach den gewohnten Arien-Charakter. Inhaltlich, indem die *Skala aller Phasen des Leidens hier durchlaufen wird*», wie Franz Liszt in seiner Betrachtung schreibt, «*stoische Ruhe, Zorn und Empörung, Ironie und Sarkasmus, bis zur Sehnsucht nach Vernichtung*». (4) Formal allein schon deshalb, weil nicht bloß arioser Empfindungsgehalt, sondern dramatische Ausdruckskraft als das strukturbildende Element angesehen werden muß. Trotz der Wiederholung einzelner Abschnitte wird die dramatische Progression nicht aufgehoben. So erscheint der «Monolog» als einer jener Teile des Werkes, in dem sich die kommende, eigenständig musikalische Sprache Wagners bereits deutlich abzeichnet.

In «schwarze spanische Tracht» gekleidet, betritt der Holländer das Land. Schon bei Heine war von dieser Tracht die Rede, doch hätte Wagner sie bestimmt geändert, wenn ihr Erscheinungsbild nicht seinen Absichten entsprochen hätte. Die historisch-politische Verbundenheit der Niederlande mit Spanien dürfte wohl kaum als Rechtfertigung angeführt werden; sie wäre ein sehr äußerliches und oberflächliches Argument. Unsere Vorstellungen verbinden mit dem Spaniertum einerseits etwas Hitzig-Emotionales, andererseits ein äußerst strenges, von Härte und Stolz kündendes Element. Nicht umsonst gilt das Wort von den «spanischen Stiefeln», in die alles Menschlich-Unmittelbare zu maskenhafter Etikette und Konvention eingezwängt wird. Zu den wohl charakteristischesten Zeugnissen der Dualität von Leidenschaft und Eiseskälte, wie sie die spanische Volksseele in sich birgt, gehört zweifellos das Bild des Toreros. *«Und der Eindruck läßt sich nicht abweisen, als habe der Spanier ein unersättliches Bedürfnis, in dem heißblütigen, durch das rote Tuch zu blinder Wut gereizten Stier und in dem kaltblütig ihm den spitzen Stahl exakt an der richtigen Stelle in den Nacken stoßenden Torero immer wieder ein Sinnbild seines eigenen doppelpoligen Seelenwesens vor sich hinzustellen.»* (5) Die gleiche «Doppelpoligkeit» spricht sich in der Erscheinung des Holländer-Schiffes aus: «blutrot» sind seine Segel – Ausdruck heftigster seelischer Emotionalität; «schwarz» dagegen der Mast. Schwarz ist keine Farbe im eigentlichen Sinne, denn gerade diese fehlt hier vollkommen. Schwarz ist das *«geistige Bild des Todes».* (6) Und die schwarze spanische Hofgewandung spricht in ihrer Starrheit und Strenge mit beinahe magischer Intensität von dem Zurückstauen jener inneren Glut zu eisiger Ruhe.

Diesen Gegensatz hatte auch Wagner im Auge. Er wollte den Auftritt des Holländers «ungemein feierlich und ernst» verstanden wissen und gibt dazu folgende Erklärung:

«Die zögernde Langsamkeit seines Vorschreitens auf dem festen Lande möge einen eigentümlichen Kontrast mit dem unheimlich schnellen Daherlaufen des Schiffes auf der See bieten... Nie möge sich der Darsteller zu auffallender Lebhaftigkeit im Hin- und Herschreiten verleiten lassen: eine gewisse grauenhafte Ruhe in der äußeren Haltung, selbst bei der leidenschaftlichsten inneren Kundgebung des Schmerzes und der Verzweiflung, wird das Charakteristische seiner Erscheinung zur geeigneten Wirkung bringen.» (7)

> «Die Frist ist um, und abermals verstrichen
> Sind sieben Jahr. – Voll Überdruß wirft mich
> Das Meer ans Land...»

Bratschen und Violoncelli nehmen mit ihrem einleitenden Motiv diesen «Überdruß» vorweg.

Motiv des Überdrußes

Sostenuto

Diesem Motiv gibt Wagner folgende Erklärung:

«Die erste Note des Ritornells der Arie (das tiefe eis der Bässe) wird vom ersten Schritte des Holländers auf dem Lande begleitet; das Schwankende seiner Bewegung, wie bei Seeleuten, die nach langer Seefahrt zum ersten Male das Land betreten, begleitet wiederum musikalisch die Wellenfigur der Violoncelle und Bratschen...» (7)

Das Wichtigste ist, daß sich der Darsteller nie *«zu auffallender Lebhaftigkeit im Hin- und Herschreiten verleiten»* läßt. (7) Alle im Monolog sich offenbarenden Bekenntnisse des Schmerzes und der Verzweiflung müssen zu Beginn *«ohne die mindeste Leidenschaftlichkeit, wie von einem Übermüden»,* (7) gesungen werden. Eine *«grauenhafte Ruhe»* (7) muß die äußere Haltung dieser Gestalt ausstrahlen. Wenn moderne Regiekonzepte den Holländer wie eine über Bord geworfene Tonne ans Land rollen lassen, weil ihn ja das Meer *«voll Überdruß ans Land wirft»,* so liegt darin nicht allein die Negation von Wagners Wille, sondern auch eine bewußte Karikierung des ideellen Sinngehaltes durch eine banale Buchstabentreue.

Der *«Überdruß»* ist in zweifacher Bedeutung zu werten. *«Voll Überdruß»* ist das Element, das den Verdammten nicht weiter tragen will. Überdrüssig dieses Elementes ist aber auch der unheimliche Seefahrer. Auch hier also radikale Gegensätzlichkeit. Die Welt der Elemente – nie versiegender Lebensbereich – stößt den in sie Gebannten aus, und der, jeglicher Vergänglichkeit Trotzende, ist seiner Unvergänglichkeit ebenso überdrüssig. Doch bleibt dieser Überdruß in seiner doppelsinnigen Bedeutung entscheidungslos bestehen. Die übermäßige Quarte h-eis im Horn, die das Motiv zum Abschluß bringt, klingt in ihrer tritonushaften Unbestimmtheit wie eine Frage, die unbeantwortet ins Leere verhallt. Sie kann als Fortsetzung des rhythmisierten, drei Töne umfassenden Motivteiles verstanden werden, mit dem der erste Takt schließt. Werden diesem Dreiton-Motiv doch gleich anschließend im Rezitativ die Worte «sieben Jahre» unterlegt. Die Frage zielt somit auf die Erlösungs-Prophezeiung. Wird sie ihm diesmal winken? Im Horn-Motiv wird diese Frage gestellt und – unbeantwortet gelassen.

Die Worte des Rezitativs muten in der Wucht ihrer unverrückbaren Bestimmtheit wie mächtige Felsblöcke an; Orchesterakzente, die das Wellen-Motiv variieren und den Melosfluß durch übermäßige Sekunden zum Zerreißen dehnen, geben der Deklamation zusätzliche Resonanz.

> «... Ha, stolzer Ozean!
> In kurzer Frist sollst du mich wieder tragen!
> Dein Trotz ist beugsam, – doch ewig meine Qual! –»

Auch diese bittere Voraussicht darf nach Wagners Anweisung noch kein Ausbruch eigentlicher Leidenschaft sein. Wohl wird sie *mit bitt'rem Grimme* gesungen, aber *mehr wie mit schrecklichem Hohne wendet er nur den Kopf halb nach dem Meere zurück*. (7) Und bei den Worten «doch ewig meine Qual», senkt er wieder *müde* und *traurig* das Haupt, mit hoffnungslos starrem Blick ein Ziel suchend, das sich ihm nie zeigen wird:

> «Das Heil, das auf dem Land ich suche, nie
> Werd' ich es finden!»

Er glaubt nicht an den Schatz, den die Erde, und sie allein, zu geben hat.

> «– Euch, des Weltmeers Fluten,
> Bleib ich getreu, bis eure letzte Welle
> Sich bricht, und euer letztes Naß versiegt! – –»

Über dem Baßton g, in den hinein auch das Melos versiegt, das diese Worte begleitet, baut sich in der Tiefe der c-Moll-Dreiklang – als Quartsextakkord – auf. In scharfer Sekund-Dissonanz dazu aber erklingt gleichzeitig in den Oberstimmen der Dreiklang der sechsten Stufe von c-Moll: as-c-es, und läßt uns mit seinem warmen, verinnerlichten Dur fragen, ob das Geschick des Holländers tatsächlich Verdammnis bedeutet oder in Wahrheit Prüfung der Seele ist? So kann die Sekund-Reibung g-as als grell-entzweiende Dissonanz empfunden werden oder auch als Mahnung, daß dort, wo die Not scheinbar am größten ist, die Hilfe der göttlichen Welt am allernächsten steht.

Das Rezitativ bildete den ersten, einleitenden Teil des Monologes. Den Beginn des zweiten Abschnittes markiert ein «Allegro molto agitato». Mit der aufwogenden Wellenthematik mischen sich die Motive der Irrfahrt und der Todessehnsucht, wie sie uns aus der Ouvertüre bereits bekannt sind; ruhelos dahinjagende, von Chromatik durchsetzte Passagen, die mit ergreifender Eindringlichkeit die Schicksalsqual des Holländers begleiten.

> «– Wie oft in Meeres tiefsten Schlund
> Stürzt' ich voll Sehnsucht mich hinab: –
> Doch ach! den Tod, ich fand ihn nicht! –»

Auch bei diesen Versen fordert Wagner, trotz *großer und ergreifendster Leidenschaftlichkeit* und *schmerzlichstem Gefühl* größtmögliche *Ruhe in der äußeren Haltung*. (7)

Vergebens sucht der den Tod Ersehnende die gefährlichsten Klippen auf, an denen jedes andere Schiff unweigerlich zerscheitern müßte, vergebens zeigt er dem Piraten seine Schätze, um ihn zu Raub und Kampf herauszufordern:

> «Doch ach! des Meers barbar'scher Sohn
> Schlägt bang' das Kreuz und flieht davon. –»

Noch einmal macht er sich sein Los mit aller Selbstzerfleischung bewußt:

«Da, wo der Schiffe furchtbar Grab,
Trieb mein Schiff ich zum Klippengrund: –
Doch ach! mein Grab, es schloß sich nicht! –»

Da entringt sich dem Gequälten der Schrei der Verzweiflung, von Posaunen, Trompeten und wilden Streicher-Tremoli hinausgeschleudert in den Kosmos:

«Nirgends ein Grab! Niemals der Tod!
Dies der Verdammnis Schreckgebot. – – –»

Nach diesem furchtbaren Ausbruch – Erschöpfung und Zusammenbrechen. Matt, unter den Sechzehntelrhythmen der Irrfahrt-Thematik begraben, stöhnt in ausweglosem c-Moll das Holländer-Motiv auf. Aber auch von diesem qualvollen Bekenntnis verlangt Wagner immer noch Zurückhaltung im Gebärdenspiel, denn auch diese Worte will er noch mehr *als Schilderung der Leiden* verstanden wissen denn als *wirklichen unmittelbaren Ausbruch der Verzweiflung*. (7)

Der Sturz in die Finsternis von c-Moll findet seine Stütze in einem Orgelpunkt auf es, der Terz des c-Moll-Dreiklanges, in deren bebenden Tremolando sich eine geheimnisvolle Wandlung der Harmonie vollzieht, wie ein zunächst unhörbarer alchimistischer Prozeß. Denn das «es» ist plötzlich nicht mehr Terz von c-Moll, sondern Quinte von as-Moll. Dieser Klang leitet das «Maestoso», den dritten Abschnitt des Monologes, ein, der nunmehr jene Verheißung anspricht, die allein das Denken und Fühlen des Fluchbeladenen erfüllen muß:

«Dich frage ich, gepries'ner Engel Gottes,
Der meines Heils Bedingung mir gewann: ...»

Franz Liszt sieht in diesem «Maestoso» eine der *«herrlichsten Inspirationen, deren die unter dem Banner der Schmerzen mit dem lebenden Leichnam der Verzweilung kämpfende Muse fähig ist».* (4) Von überwältigender Schönheit auch die erlösende Aufhellung nach Es-Dur am Ende dieses ersten «Stollens».

Mag er bei diesen Worten den Blick auch gen Himmel richten und der Lichtstrahl dieses Es-Dur seine Seele berühren, er hat den Glauben an diese Verheißung verloren, wie der zweite Stollen uns erkennen läßt:

> «War ich Unsel'ger Spielwerk deines Spottes,
> Als die Erlösung du mir zeigtest an? –»

Wagner vermerkt zu dieser Stelle:

«Diese ganze, fast unmittelbare Anrede an den ‹Engel Gottes› muß, bei dem furchtbarsten Ausdrucke, mit dem sie gesungen wird, in der angegebenen Stellung (den starren Blick durchweg gen Himmel gerichtet) . . . ausgeführt werden: wir müssen einen ‹gefallenen Engel› selbst vor uns sehen, der aus fürchterlichster Qual heraus der ewigen Gerechtigkeit seinen Grimm kundgibt.» (7)

Auch der zweite Stollen dieses Reprisen-Bars wendet seinen Schluß in das erlösende Licht von Es-Dur. Im Abgesang aber verliert sich der Dur-Charakter immer wieder, wird von häufigen Mollwendungen verdunkelt, obwohl der Schluß wieder von reinem Dur-Licht (As-Dur) durchleuchtet ist. Der ganze, mehr der Liedform zuneigende Gesang wird auf langen Strecken von einem zwischen Dur und Moll hin- und herschwankenden Tremolo der tiefen Streicher begleitet, in das Klarinette und Fagott die dunklen Klangfarben ihrer tiefen Register mischen.

Das zum abschließenden Teil überleitende Rezitativ offenbart uns die ganze Hoffnungslosigkeit, welche der zum todlosen Leben Verurteilte mit dem Verheißungsspruch verbindet:

«Vergebne Hoffnung! Furchtbar eitler Wahn!
Um ew'ge Treu' auf Erden – ist's getan! – –»

Die Wellen-Melodik des ersten Rezitativs springt – nach Franz Liszt *«wie ein blutzitternder Tiger» (4)* – erneut empor. Hier macht sich die *«ganze Kraft seiner Verzweiflung Luft: wütend richtet er sich auf, und mit der energischesten Aktion des Schmerzes stößt er, das Auge immer noch auf den Himmel gerichtet, alles ‹vergeb'ne Hoffen› von sich: er will nichts mehr von der verheißenen Erlösung wissen und sinkt nun (mit dem Eintritte des Paukenwirbels und der Bässe) wie vernichtet zusammen». (7)*

Niemals noch, wie oft er auch die Erde betrat, war ihm «ewige Treue» in dieser Welt der Vergänglichkeit begegnet. Und so ist es ihm Gewißheit, niemals Erlösung finden zu können, niemals entbürdet zu werden des Fluches, der auf ihm lastet. Nur eine einzige Hoffnung gibt es, die ihm bleibt: die Weltvernichtung, das «Jüngste Gericht».

«Nur eine Hoffnung soll mir bleiben,
Nur eine unerschüttert stehn:
So lang' der Erde Keim' auch treiben,
So muß sie doch zugrunde gehn.
Tag des Gerichtes! Jüngster Tag!
Wann brichst du an in meine Nacht?»

Der ewige Vernichtungsschlag, der allem Leben ein Ende setzen wird, muß auch ihm das Ende seiner Leiden bringen und auch sein verfluchtes Leben auslöschen.

«Wann dröhnt er, der Vernichtung Schlag,
Mit dem die Welt zusammenkracht?»

Das «Molto passionato» ist von stärkster Ausdruckskraft und überwältigender Wirkung. *«Hier ist alles unmittelbarer Affekt»* (7) schreibt Wagner vor. Schläge, Stöße des Schmerzes sind es, die das Melos in pochend-punktiertem Rhythmus emportreiben, wobei Figurationen voll quälender, peitschender Leidenschaft in den Celli und Geigen heftigste Erregung in das düstere c-Moll dieser Gesangsharmonie hineintragen.

Ebenso eindrucksvoll wie der große dramatische Zug, der diesen letzten Monolog-Abschnitt beherrscht, ist auch die Detail-Malerei. So etwa die im stärksten Fortissimo hämmernden Paukenschläge bei den Worten: «Wann dröhnt er, der Vernichtung Schlag», oder der mit apokalyptischer Gewalt erstehende Ruf der Trompeten, Posaunen und Hörner, bei völligem Verstummen aller übrigen Instrumente, vor der Stelle:

«Wann alle Toten auferstehn,
Dann werde ich in Nichts vergehn.»

Dazu Franz Liszt: *«Der Rhythmus dieses letzten Ausrufes ist von überwältigender Wirkung. In den acht Haupttakten des Motivs, wel*

*che viermal wiederholt werden, schleppt er sich zuckend und knir-
schend von einer doppelt punktierten halben Note auf alternierende
Achtel.»* (4) Dann plötzlich Stille, ein «subito Pianissimo» bei dem in
der Vorstellung vorweggenommenen «Vergehen im Nichts». Aus der
bebenden Tonlosigkeit des Paukenwirbels aber rast ein Glissando
empor und krallt sich in der Unterdominante von c-Moll, einem
finsteren f-Moll-Klang, fest:

> «Ihr Welten, endet euren Lauf!
> Ew'ge Vernichtung, nimm mich auf!»

Dieser Verzweiflungswunsch des Verdammten muß nach Wagners
Empfinden als *«stärkster, zermalmendster Ausbruch»* aufgespart blei-
ben, dessen der Sänger fähig ist. *«Hier muß die Erhabenheit des
Ausdruckes auf ihrem höchsten Gipfel sein. Nach den Schlußworten:
‹ewige Vernichtung, nimm mich auf!› bleibt er in großer Stellung, fast
wie eine Bildsäule, während des ganzen Fortissimo's des Nachspieles,
stehen.»* (7) Der Gesang endet auf dem hohen «e», d.h. die ewige
Vernichtung, die sich der Holländer ersehnt, erstrahlt als Dur-Terz.
Dies bedeutet nicht effektvolle Schlußapotheose, sondern läßt das
Unbeschreibliche als Zukunftsereignis ahnen. In der Musik liegt Prophetie, sie spricht von Erlösung, mag das Holländer-Motiv auch das
strahlende C-Dur des vollen Orchesters mit seinen schwarzen
f-Moll-Klängen noch so sehr verdüstern. Schattenhaft, unheimlich,
aber dennoch voll Hoffnungsschimmer auch der Schluß der Szene:
der aus dem Innern des Holländerschiffes geisterhaft nachhallende
«Chorus mysticus» der Mannschaft. Vom milden Glanz der E-Dur-
Harmonie – der großen Liebestonart der abendländischen Meister –
umschimmert, tönt es aus der Ferne – aus der Luft?, dem Meere?,
vom Schiff? Stimmen, fern der Dreidimensionalität des Erdenrau-
mes: «Ew'ge Vernichtung, nimm uns auf!» Dann führt ein langsam
absinkendes Melos der Streicher die Rückmodulation nach c-Moll
herbei. «Der Holländer lehnt sich . . . dumpf in sich gekehrt, an eine
Felsenwand im Vordergrund.» Im Horn verhallt sein Namensmotiv,
den letzten Ton in einer Fermate verklingen lassend.

Richard Wagner hat für Vortrag und Gebärdensprache dieser «Arie» deshalb genaueste Anweisungen gegeben, *«weil von dem Erfolge dieser Szene das ganze weitere Verständnis des Gegenstandes für das Publikum abhängt: hat dieser Monolog vollkommen der Absicht gemäß den Zuhörer ergriffen und bestimmt, so ist für den wichtigsten Teil der fernere Erfolg des Ganzen gesichert, wogegen alles Nachstehende nicht im Stande sein würde, das hier etwa Versäumte nachzuholen».* (7)

Das allerwesentlichste Kriterium für ein wirkliches Verständnis des Werkes ist es wohl, sich über die Titel-Gestalt des Werkes volle Klarheit zu verschaffen. Wir müssen uns daher nach diesem großen Monolog des Helden eingehend nach Sinn und Wesen seines tragischen Schicksals fragen. Wer ist dieser «Holländer», was bedeutet sein Los und wie haben wir das Erlösungswort zu verstehen, das ihm verheißen wurde. Nun wissen wir sowohl aus der einleitenden Betrachtung über den Mythos, als auch durch den Bericht Heines, worin die Ursache seiner Verdammung liegt, und was allein ihn daraus befreien kann. Das Drama selbst hat uns jedoch darüber bisher noch nichts gesagt. Dies wird uns erst in der Ballade Sentas im zweiten Akt enthüllt. Um ein umfassendes Verständnis für die Holländer-Gestalt gewinnen zu können, erscheint es notwendig, die darauf Bezug nehmenden Inhalte der Ballade hier vorwegzunehmen.

Die Gestalt des «Holländers» – Wesen, Schicksal, Schuld und Erlösungs-Prophetie

Die, im ganzen drei Strophen umfassende Ballade, spricht jeweils im ersten Strophenteil von der Gestalt des Holländers.

> «Traft ihr das Schiff im Meere an,
> Blutrot die Segel, schwarz der Mast?
> Auf hohem Bord der bleiche Mann,
> Des Schiffes Herr, wacht ohne Rast . . .
> . . . Hui! – Wie ein Pfeil fliegt er hin,
> Ohne Ziel, ohne Rast, ohne Ruh'! – – »

Das Antlitz dieses rast- und ziellos dahinirrenden Seemanns trägt nicht die Farbe des menschlichen Inkarnats; es ist bleich, fahl, – «chloros», – wie das Roß des vierten apokalyptischen Reiters.

In dieser Beschreibung treten uns die drei Farben des Märchens entgegen: *«weiß, wie Schnee»*, *«rot, wie Blut»* und *«schwarz, wie Ebenholz»*, in denen sich symbolisch die menschliche Trichotomie von Geist, Seele und Leib widerspiegelt. Der «Mast», an den sich Odysseus binden ließ, als er an den Sirenen vorbeisegelte, um seine Ich-Wachheit in der irdischen Leiblichkeit aufrecht zu erhalten, zeigt hier das *«geistige Bild des Todes» (6)* – schwarz; jenes Todes, den das Ich des Holländers so inbrünstig sucht und nicht finden kann. Die blutroten Segel – wir sagten es bereits – versinnbilden uns die seelische Aura des zu todlosem Dasein Verdammten; und das bleiche Antlitz spricht von der Trübung, die das «Weiß», d. h. das «Licht» als *«seelisches Bild des Geistes» (6)* bei ihm erfahren hat. Denn in dieses Reich des Geistes kann sich der in die Elementenwelt gebannte Holländer mit seiner Seele nicht erheben.

Die zweite Strophe spricht unmittelbar die Schuld an, in die er sich verstrickte, da er voll Trotz und Übermut an jener Schwelle sich bewegte, die in der Bildersprache des Mythos als Grenze zwischen der physisch-körperlichen und der ätherisch-seelischen Welt aufscheint: die Grenze zwischen dem festen Land (Kap) und dem Meer.

> «Bei bösem Wind und Sturmes Wut
> Umsegeln wollt' er einst ein Kap;
> Er flucht' und schwur mit tollem Mut:
> ‹In Ewigkeit laß ich nicht ab!› –»

Das Kap ist der Grenzpunkt zwischen Land und Meer, das Bild einer «Schwelle».

> «Hui! – Und Satan hört's. – Johohe!
> Hui! – Nahm ihn beim Wort! – Johohe!
> Hui! – Und verdammt zieht er nun
> Durch das Meer ohne Rast, ohne Ruh'! –»

Das «Meer» ist in mythologischer Sicht ein besonders eindrucksvolles und vielschichtiges Sinnbild. Daß es uns, wie kaum ein anderes Landschaftsbild, in seinem wildbewegten Toben für die Welt der Elemente ein ausdruckstarkes Zeugnis ablegt, hat uns bereits die Ouvertüre in ihrer prachtvollen tonmalenden Thematik erleben lassen. Gleichzeitig galt das Meer in der Sagenwelt aber auch immer als Symbol für den abgrundtiefen Ozean der menschlichen Seele. Hier vorwiegend für jenen unterbewußten Teil, in dem alle Triebe verwurzelt sind, d. h. jene Süchte und Begehrungen, die nicht mit spontaner Leidenschaft aufflammen, um ebenso abrupt wieder zu verlöschen, sondern Emotionen darstellen, die unserem Wesen fest verbunden sind und ihm sein ganzes irdisches Dasein hindurch meist ihre fragwürdige Treue halten. Diese Triebe urständen im Ätherbereich unserer Leibeshülle. Und dieser «Ätherleib» steht ja nun wieder in intensivster Kommunikation mit der Äthersphäre der Erde, d. h. mit der eben erwähnten Elementarwelt. In der Gestalt des antiken Poseidon und seiner Verbindung mit Demeter und Amphitrite, scheint dieser Doppelbereich auf. Während die «Hochzeit» mit Demeter ein sich Vereinen mit den sprießenden Lebenskräften bedeutet, wird Poseidon durch seine Vermählung mit Amphitrite zum eigentlichen Meerbeherrscher und damit zum Regent über jenes kosmisch-seelische Element, dem Aphrodite, die «Schaumgeborene», entstieg. Neben den im Meere lebenden, im Liebesspiel verbundenen Tritonen und Nereiden, ist die Liebesgöttin wohl das eindringlichste Zeugnis für das Walten seelischer Kräfte im poseidonischen Ätherbereich. Sturmgewalten, Gewitter in der Atmosphäre, das Brausen des Ozeans, sind das makrokosmische Gegenbild zu den Trieb- und Leidenschaftsgewittern der menschlichen Innenwelt.

Und diesen Sturmgewalten der Elemente wollte sich der Holländer nicht beugen, wollte sich zur Landung nicht zwingen lassen. Sein Fluch und der Schwur, «In Ewigkeit laß ich nicht ab», aus dem Munde eines Sterblichen gesprochen, bedeutet ein sich Messen mit der Ewigkeit. Als vergänglicher Mensch erkühnt er sich, etwas vollziehen zu wollen, was nur einem unvergänglichen Wesen möglich ist: e w i g zu sein. In Ewigkeit nicht abzulassen, das feste Land – die

Erde – umsegeln zu wollen, die ihm Zuflucht geboten hätte gegen «Wind und Sturmeswut», das bedeutet, sich über die Gesetze des menschlichen Schicksals erheben, mit Gewalt eine Sphäre ertrotzen zu wollen, die ihm nicht gemäß ist. Die Schuld, die der Holländer auf sich geladen hat, ist demnach eine zweifache: sie liegt einerseits in dem Begehren, sich das Elementarreich zu erzwingen, andererseits in der Negierung und Mißachtung des festen Landes, d. h. der Erde, der er als Mensch unentrinnbar verbunden ist. In der Bedingtheit seiner Geschöpfnatur fordert er ein Un-bedingtes. Ungeläutert, mit «tollem Mut», will er sich über sein Menschenlos erheben und etwas ergreifen, wofür er die Reife nicht besitzt. Dieser Hochmut der Auflehnung gegen seine eigene Wesensnatur, öffnet dem Widersacher das Tor: «Hui! – Und Satan hört's.» Des Holländers übermenschlich-tolles Begehren fließt nicht aus dem Drang nach Bewußtseinserweiterung, aus der Sehnsucht nach den Quellen des Lebens, wie dies etwa bei Faust der Fall ist, der danach lechzte, die Geheimnisse der Welt, was sie «im Innersten zusammenhält», zu ergründen. Er wurde daher, trotz seines ebenfalls noch unreifen Eindringens in die Elementarwelt, vom «Erdgeist», dem Repräsentanten dieser Äthersphäre, erhört: *Mich neigt dein mächtig Seelenfleh'n.* Des Holländers «toller Mut» wird nicht vom «Erdgeist», sondern von «Satan» gehört, von jener ahrimanischen Macht, die in der Äthersphäre wirksam ist. Geisteswissenschaftlich exakt formuliert müßte man sagen: das luziferische Hochgefühl, ein «Übermensch» sein zu wollen – Hochmut und Stolz sind Eigenschaften, die Luzifer im Menschen bewirkt –, öffnet dem ahrimanischen Prinzip das Tor und bietet die Möglichkeit, ihn in jener Sphäre festzuhalten, die er in seiner Vermessenheit herausgefordert hatte. Wir wollen daher grundsätzlich festhalten: der «Fliegende Holländer» ist ein Gefangener Ahrimans, nicht Luzifers. Unter «Satanas» hat man auch immer die ahrimanische Macht verstanden, während man Luzifer als «Diabolus» bezeichnet hat. Die schwarze Tracht des Holländers ist ebenfalls ein sprechendes Zeugnis für die ahrimanische Wirkenskraft.

Was bedeutet nun dieses Hineingebanntsein in die Äthersphäre? Der menschliche Ätherleib, durch den der Mensch unmittelbar mit der ätherischen Welt kommuniziert, hat mehrfache Funktionen: als «Bildekräfteleib» vermittelt er die Gestalt; als «Lebensleib» begabt er uns mit den Wachstums- und Fortpflanzungskräften. Bei all diesen Funktionen aber ist er ein «Zeitenleib», d. h. er hat eine Folge von Entwicklungszuständen, bei denen das Seelische und Geistige des Menschen intensivst beteiligt sind, zu einer Einheit und Ganzheit zusammenzufassen. In dieser Funktion offenbart sich das Zeitelement des Ätherleibes als Rhythmus, nicht als eine Aneinanderreihung von Augenblicken, wie es unsere, der irdischen Dimension unterworfene Zeitvorstellung darstellt. Dieses rhythmische Element des Ätherleibes ist etwas Eigenständiges, eine stetige Erneuerung, ein nicht endendes, aus sich herausquellendes Leben. Und in diesen ätherischen Lebensstrom sehen wir den Holländer hineingebannt; er ist mit seinem Wesen an diesen Zeitenleib gefesselt, der sich durch sich selbst erhält. Mit dieser Äthergestalt durchzieht er sieben Jahre lang den Elementarbereich der Erde. Nach dieser Frist jedoch speit ihn, in rhythmischer Periodizität, die kosmische Äthersphäre aus, er muß in sichtbarer Menschengestalt die Erde betreten. Die Anzahl der Jahre ist nicht willkürlich gewählt. Aller zeitliche Ablauf im Evolutionsgeschehen steht unter dem Rhythmus einer Siebenordnung. Mit sieben Jahren erfolgt im menschlichen Entwicklungsgang der Zahnwechsel, mit vierzehn tritt der Mensch in die Pubertät, mit einundzwanzig erscheint er uns reif, für sich selbst verantwortlich sein zu können usw. Sieben Tage weist die Woche auf, sieben unmittelbar zu unserem Planetensystem gehörende Wandelsterne durchziehen den Tierkreis, sieben «Sendschreiben», «Siegel» und «Zornesschalen» markieren in der Offenbarung des Johannes den Entwicklungslauf der Menschheit. Es kann kaum zu zweifeln sein, daß wir in der Frist von sieben Jahren, welcher der Holländer unterliegt, nicht den Zeitraum von siebenmal dreihundertfünfundsechzig Tagen zu verstehen haben, sondern die Ganzheit eines rhythmischen Ablaufs in der Ätherwelt.

Was aber bedeutet nun dieses periodische Betreten der Erde nach jeweils sieben solcher Entwicklungsrunden? Als «Neugeburt» kann es nicht verstanden werden, denn dieser müßte ein Tod vorausgehen. Gerade ihn aber kann der Holländer nicht finden, so sehr er ihn

sucht. Auch von einem «Erwachen» zu sprechen wäre nicht angebracht, denn bei seinen Irrfahrten auf dem Weltenozean kennt er nur
Wachheit. Fast wäre man geneigt von einem Rhythmus der Verstoff-
lichung und Ent-Stofflichung, von Sichtbar- und Unsichtbarwerden
zu sprechen, aber auch dies gälte nur für das Sinnesauge; denn in
Wahrheit ist der Holländer immer gegenwärtig, tauscht nie seine
Gestalt, da seine Leibeshüllen durch das Leben selbst, mit seinen
ätherischen Bildekräften, konserviert werden.

Die Frage richtet sich nach der Bedeutung dieses «Bildes»; können
wir es überhaupt mit dem Menschen in Beziehung bringen? Ist die
Holländer-Gestalt Ausdruck einer überhitzten Phantasie der Volksseele, ein Spuk- und Gespensterwesen oder dürfen wir in ihr etwas
erblicken, das für unser Menschsein reale Bedeutung hat?

Der Fluch, der auf dem Holländer lastet, liegt, wie wir wissen, in
dem Umstand, daß er den Tod nicht finden kann. «Nirgends ein
Grab! Niemals der Tod!», dies, so hieß es, ist «der Verdammnis
Schreckgebot». Welche Bedeutung hat nun der Tod für die Entelechie? Der Erdenpersönlichkeit setzt der Tod ein unwiderrufliches,
absolutes Ende. Für den entelechischen Wesenskern des Menschen
jedoch bedeutet er die Rückkehr in seine wahre Heimat. Diese, dem
unsterblichen Ich des Menschen wesensgemäße transzendente Welt,
muß aber als ein höherer Bereich verstanden werden, als es die Äthersphäre der Elemente ist. Denn auch dieser Ätherplan gibt der Entelechie bei ihrem Herabstieg zur Erde nur eine «Hülle», wie es die
mineralische Stoffeswelt mit der physischen Leiblichkeit vollzieht.
Diese «Ätherhülle», deren Funktionen uns bereits vertraut sind, wird
normalerweise nach dem Durchschreiten der Todespforte ebenfalls
abgelegt und vom Weltenäther genauso aufgenommen, wie die mineralische Leibessubstanz von der Erdenstofflichkeit. Insofern hat diese
ätherische Welt für das Ich, nachtodlich, keine große Bedeutung
mehr. Anders dagegen beim Holländer; bei ihm löst sich die Ätherhülle nicht auf, sie erscheint konserviert, wie vorhin gesagt wurde,
und sein Ich bleibt an sie gebunden.

Von größter Bedeutung jedoch ist die «Sternenwelt», die «astrale
Sphäre», für das nachtodliche Leben der Entelechie. Denn in ihr

leben ja die hierarchischen Wesen, mit denen gemeinsam der Mensch sein kommendes Erdenschicksal formt, seine Leibeshüllen aufbaut und von denen er jene kathartischen Kräfte empfängt, die seine Seele von aller Korrumpierung und Egoisierung der irdischen Triebnatur regenerieren. Solcherart geläutert und gestärkt, steigt das «Unsterbliche» wieder herab zu seinem neuen Erdendasein.

All dies aber bleibt dem Holländer versagt, da sein Ich durch die Bindung an den Ätherleib nicht aufsteigen kann zu den Sphären der hierarchischen Wesen. So wird er der «Gnade der Dauer» nicht teilhaftig, sich in seiner wahren und reinen Geistnatur erleben und ergreifen zu können. Damit wäre die Qual seines Schicksals noch verständlicher geworden, und es will uns scheinen, daß dieser Verlust der Möglichkeit, mit seinem geistig-seelischen Wesensteil zu jenen himmlischen Sphären emporzusteigen, das eigentliche Anliegen der Sage ist. Zu fragen bleibt nur, ob so ein Verlust des Aufstieges in die devachanische Welt tatsächlich eintreten kann und wenn ja, wie die mythologische Bilderwelt in geistig-reale Vorgänge aufzulösen und umzusetzen wäre.

Daß Seelen im nachtodlichen Sein an die unmittelbare Erdenumgebung gefesselt bleiben, wenn sie sich während ihres Erden-Daseins zu stark mit dieser Sinneswelt verbunden und ein sehr unspirituelles Leben geführt hatten, ist eine Wahrheit, die in der Märchen- und Sagenwelt des öfteren aufscheint, aber ebenso von manchen Dichtern aufgegriffen wird. Wir denken etwa an die «Pechmarie» im Märchen von der «Frau Holle», die sich auch ungeläutert den Eintritt in die außer-sinnliche Welt erzwingt, von dieser jedoch ausgestoßen wird. Ärmer als zuvor, ohne die «goldene Spule», die den Faden von Leben zu Leben weiterspinnt, kehrt sie zur Erde zurück, mit verändertem, ja verfinstertem Wesen. Ihr Lohn ist schwarzes «Pech», das sie über und über bedeckt und schwer zur Erde drückt.

«Das Pech aber blieb fest an ihr hängen und wollte, solange sie lebte, nicht abgehen.» (8)

In Dichtung und Legende erscheinen die Geister von Verstorbenen sehr oft mit schweren Ketten beladen, die sie sich durch ihr Erdenleben selbst geschmiedet haben und an denen sie nunmehr gefesselt sind. Charles Dickens hat dies in einer seiner «Weihnachtsgeschichten» sehr eindrucksvoll dargestellt:

«‹Mensch mit dem weltlichen Sinn!› versetzte der Geist, ‹glaubst du an mich oder nicht?›

‹Ich glaube›, rief Scrooge, ‹ich muß glauben. Aber warum wandeln Geister auf der Erde und warum kommen sie zu mir?›

‹Es wird von jedem Menschen gefordert,› antwortete das Gespenst, ‹daß seine Seele umherwandere unter den andern Menschen und große, weite Reisen tue; und macht er sie bei Lebzeiten nicht, so wird er verdammt, es nach dem Tod zu tun. Er ist verurteilt, durch die Welt zu wandern und – weh mir! – mit anzusehen, was er nicht mehr genießen darf, aber auf Erden hätte genießen und zu seinem Glück hätte wenden können.›

Wieder stieß das Gespenst einen Schrei aus, klirrte mit seiner Kette und rang seine Schattenhände.

‹Du trägst Fesseln?› fragte Scrooge zitternd; ‹sag mir warum.›

‹Ich trage die Kette, die ich in meinem Leben geschmiedet habe›, antwortete der Geist; ‹ich habe sie Glied um Glied und Elle um Elle geschmiedet, sie mir aus freien Stücken umgelegt und sie freiwillig getragen. Sind dir ihre Glieder fremd?›

Scrooge zitterte immer mehr.

‹Willst du wissen,› fuhr der Geist fort, ‹wie schwer und lang die starke Kette ist, die du selbst trägst? Vor sieben Weihnachtsabenden war sie ebenso schwer und ebenso lang wie diese. Seither hast du noch an ihr gearbeitet; es ist eine gewichtige Kette geworden.›

Scrooge sah um sich her zu Boden, als erwarte er, sich von fünfzig oder sechzig Klaftern Eisenkette umgeben zu finden; allein er vermochte nichts zu sehen.

‹Sieben Jahre tot, und die ganze Zeit auf Reisen?› murmelte Scrooge.

‹Die ganze Zeit› bestätigte der Geist. ‹Ohne Rast, ohne Frieden, unaufhörlich von Gewissensbissen gequält.›

‹So reist du schnell?› fragte Scrooge weiter.

‹Auf den Schwingen des Windes›, versetzte der Geist ... ‹Oh!› rief das Gespenst, ‹gefangen, gebunden, doppelt in Eisen bist du und *weißt nicht, daß für diese Erde Jahrhunderte unausgesetzten Leidens der unsterblichen Wesen in die Ewigkeit versinken müssen, ehe alles Gute erfüllt ist, das sie aufnehmen kann. Weißt nicht, daß jede christliche Seele, die in ihrem kleinen Kreis, wie immer er sei, mildtätig wirkt, ihr irdisches Leben zu kurz findet für die ausgedehnten Möglichkeiten, nützlich zu sein. Weißt nicht, daß keine noch so lange Reue die versäumten Gelegenheiten eines Lebens aufwiegen kann! So einer war ich! Oh, so war ich!›»* (9)

Die Parallelität zu unserem Mythos dürfte sich jedem Leser von selbst erschließen. Die übermäßige Bindung an die Erde hat der Seele gleichsam eine geistige Schwerkraft verliehen, die es ihr unmöglich macht, sich zu den höheren Bereichen zu erheben; sie bleibt in Erdennähe. In diesem Sinne ließe sich aus dem Holländer-Mythos eine Geistrealität für das nachtodliche Schicksal der Entelechie tatsächlich herauslesen.

Nun bestand die Verfehlung des Holländers aber offenbar nicht darin, daß er sich zu stark an die Erde klammerte. Das Gegenteil scheint vielmehr der Fall zu sein! Er wollte sie umgehen, verlassen, sich nicht mit dem Erdenschicksal verbinden. Dennoch zeigt sich die gleiche Folge wie bei jenen Seelen, die sich zu stark im Irdischen verfestigt haben. Wie läßt sich dieses widersprüchliche Phänomen erklären?

Richard Wagner hat uns auf drei «Grundgestalten» verwiesen, in denen sich das Wesen des Holländers jeweils in der Physiognomik eines bestimmten Kulturzeitraumes offenbart und aus denen seine künstlerische Phantasie geschöpft hatte: Odysseus, Ahasver und – bei Beginn unserer jetzigen Entwicklungsepoche – eben der «Fliegende Holländer». In allen dreien aber sah Wagner einen tief menschlichen Wesenszug: die Sehnsucht des *«leidenden Menschen»* nach Ruhe *«aus den Stürmen des Lebens».* (10)

Im Ahasver-Mythos begegnet uns zunächst das Problem tatsächlich in der Form, daß eine zu starke Erden-Verbundenheit die eben geschilderten Folgen zeitigt. Was berichtet uns die Legende von Ahasver?

Ahasverus war ein Schuhmacher aus Jerusalem, der Christus auf dem Wege nach Golgatha von seiner Tür stieß und zur Strafe bis zum Jüngsten Tag ruhelos wandern muß. Das Volksbuch vom «Ewigen Juden» erschien zuerst 1602. Als Quelle soll eine 1250 verfaßte Chronik des Matthäus Parisiensis gedient haben, die sich wiederum auf einen Bericht des Chronisten Roger von Wendower zum Jahre 1220 beruft.

«Danach soll ein in England weilender armenischer Bischof erzählt haben, er kenne den noch lebenden Augenzeugen des Leidens Christi sehr wohl; jener habe als Türhüter des Pilatus den Heiland auf dem Weg zur Kreuzigung zu schnellerem Gehen angetrieben und müsse dafür bis zu Christi Wiederkehr rastlos wandern.» (11)

Auch Goethe hatte sich für diesen Sagenstoff interessiert. In «Dichtung und Wahrheit» spricht er über seinen *«wunderlichen Einfall»*, die Gestalt des «Ewigen Juden», die ihm schon früh durch die Volksbücher bekannt war, *«episch zu behandeln». (12)* Goethes Charakteristik stellt ebenfalls die rein dem Irdischen zugewandte Gesinnung Ahasvers in den Vordergrund, und damit die zwangsläufig sich ergebende Ablehnung der Lehren Christi.

«Der Schuster, dessen Sinn bloß auf die Welt gerichtet war, faßte doch zu unserem Herrn eine besondere Neigung, die sich hauptsächlich dadurch äußerte, daß er den hohen Mann, dessen Sinn er nicht faßte, zu seiner eignen Denk- und Handelsweise bekehren wollte. Er lag daher Christus sehr inständig an, doch aus der Beschaulichkeit hervorzutreten, nicht mit solchen Müßiggängern im Lande herumzuziehen, nicht das Volk von der Arbeit hinweg an sich in die Einöde zu locken: ein versammeltes Volk sei immer ein aufgeregtes, und es werde nichts Gutes daraus entstehn.» (12)

Der ewigen Wanderschaft Ahasvers gibt Goethe jedoch nicht den

Charakter einer Strafe durch Verdammung. Für ihn ist sie vielmehr eine notwendige Folge des Nicht-Erkennens, bzw. eine Folge des in Ahasver selbst wirkenden Dranges, das bisher Nicht-Erkannte, aber durch ein Wunder Erschaute, suchen zu müssen.

«Als nun Jesus vor der Werkstatt des Schusters vorbei zum Tode geführt wird, ereignet sich gerade dort die bekannte Szene, daß der Leidende unter der Last des Kreuzes erliegt und Simon von Kyrene dasselbe weiterzutragen gezwungen wird. Hier tritt Ahasverus hervor, nach hart-verständiger Menschen Art, die, wenn sie jemand durch eigne Schuld unglücklich sehen, kein Mitleid fühlen, ja vielmehr, durch unzeitige Gerechtigkeit gedrungen, das Übel durch Vorwürfe vermehren; er tritt heraus und wiederholt alle früheren Warnungen, die er in heftige Beschuldigungen verwandelt, wozu ihn seine Neigung für den Leidenden zu berechtigen scheint.» (12)

In diesem Augenblick aber bedeckt die liebende Veronika das Gesicht des Heilands mit dem Tuche, und da sie es wegnimmt und in die Höhe hält, wird Ahasver des Wunders gewahr. Er sieht darauf das Antlitz des Herrn, *«aber keineswegs des in Gegenwart Leidenden, sondern eines herrlich verklärten und himmlisches Leben ausstrahlenden.»* (12) Von dieser Erscheinung geblendet, wendet er das Auge weg und hört die Worte:

«‹Du wandelst auf Erden, bis du mich in dieser Gestalt wieder erblickst.› Der Betroffene kommt erst einige Zeit nachher zu sich selbst zurück, findet, da alles sich zum Gerichtsplatz gedrängt hat, die Straßen Jerusalems öde, Unruhe und Sehnsucht treiben ihn fort, und er beginnt seine Wanderung.» (12)

Nun bedeutet diese ewige Wanderschaft nicht bloß irdische Ruhelosigkeit, sondern den rastlosen Weg von Leben zu Leben, der sich stets in der gleichen rassischen Leibessubstanz vollziehen muß. Denn der «Ewige Jude» ist der in seiner Rasse Verhaftete. Auch dies ist jedoch nicht als Vergeltungs-Urteil zu verstehen, sondern als eine Zwangsläufigkeit, die sich aus dem Nicht-Verstehen-Wollen der Christuswesenheit ergibt, mit der wir Ahasver von Anbeginn an in Verbindung gebracht sehen. Über diese schicksalshafte Folge hat Rudolf Steiner ausführliche Hinweise gegeben:

«*Denken wir uns einmal eine Persönlichkeit, die das Glück hat, einem großen Führer der Menschheit gegenüberzustehen, denken wir uns eine solche Persönlichkeit zum Beispiel, die dem Christus Jesus selber gegenübersteht, die sieht, wie er alle Zeichen tut, um die Menschheit vorwärtszuführen, die aber nichts wissen will von diesem Aufstieg, die hinwegstößt den Menschheitsführer. Eine solche Persönlichkeit, eine solche Seele würde verurteilt sein, in der Rasse zu bleiben. Und wenn wir uns das radikal ausgestaltet denken, so müßte eine solche Seele immer wieder und wieder in derselben Rasse erscheinen, und wir haben die Sage von A h a s v e r, der immer wieder in derselben Rasse erscheinen muß, weil er den Christus Jesus von sich stieß.*» *(13)*

Gleich Judas wollte auch Ahasver den Christus als «*Regent und Volkshaupt*» *(12)* in rein weltlichem Sinne sehen, und je deutlicher er erkennen mußte, daß Christi Reich nicht von dieser irdischen Welt war, desto «*schärfer und heftiger ließ sich der wohlwollende Handwerker vernehmen*». *(12)* Ahasver blieb der Welt verhaftet, in die er hineingeboren war und lehnte jegliche Wandlung seiner Gesinnung ab. Eine solche Beschränkung auf seinen angeborenen Wesensbereich läßt jedoch viele Möglichkeiten ungenutzt, die der Seele von der jeweiligen Inkarnation geboten werden. Solche Seelen verwachsen zu stark mit diesem Erdenkleid, das ihnen die Rasse darreicht und kümmern sich nicht um all jene spirituellen Werte, die von den großen Menschheitsgenien gedacht und verkündet wurden, um den Fortschritt von Inkarnation zu Inkarnation, von Kulturzeitraum zu Kulturzeitraum zu sichern. Wir denken dabei etwa an das Goethe-Wort:

«*Wer nicht von dreitausend Jahren*
Sich weiß Rechenschaft zu geben,
Bleib im Dunkeln unerfahren,
Mag von Tag zu Tage leben.» *(14)*

Oder an den «Faust», der durch die Vereinigung mit «Helena», die hier als Repräsentantin der antiken Kulturepoche steht, deren geistige Werte mit herüberführt in das faustische Zeitalter. Menschen jedoch,

die in einer derartigen einseitigen Sympathie zu ihrem rassisch-leibli-
chen Erscheinungsbild befangen sind, daß sie an den Menschheitsgenien achtlos vorbeigehen, verhärten in ihrer Gesinnung und «*werden
sozusagen durch ihre eigene Schwere in der Rasse zurückgehalten
(13); sie werden «immer wieder in derselben Gestalt erscheinen.» (15)*

Die Fortschritts-Erkenntnis, daß der Mensch durch verschiedene
Inkarnationen gehen muß, um stets das Beste daraus zu lernen, wurde in großartigster Weise bereits von L e s s i n g in seiner «*Erziehung
des Menschengeschlechtes*» ausgesprochen. Denn für ihn lag der Sinn
der Menschheitsgeschichte in einem immerwährenden, kontinuierli-
chen Fortschreiten der Menschen durch die verschiedenen Erdenleben. Welchen Sinn hätten sonst die einzelnen Kulturepochen, die in
ihren äußeren Zeugnissen der Vergänglichkeit preisgegeben sind,
wenn nicht Seelen da wären, die den inneren Geistgehalt in sich
aufnehmen und weitertragen würden in der Menschheitsevolution.
«*Was die Erziehung bei den einzelnen Menschen ist, ist Offenbarung
bei dem ganzen Menschengeschlechte*» (16) lesen wir in § 1 von Lessings letztem Werk.

«*§ 2. Erziehung ist Offenbarung, die dem einzelnen Menschen geschieht, und Offenbarung ist Erziehung, die dem Menschengeschlechte geschehen ist und noch geschieht.*» (16)

So war der Dekalog in den Augen Lessings eine Erziehungsanwei-
sung, wie sie dem Kindesalter der Menschheit entsprach. Als «Ele-
mentarbuch» kann der Dekalog jedoch nur für ein gewisses Alter
Geltung haben. Der Teil des Menschengeschlechtes, der diese Kind-
heitsstufe absolvierte, «*war in der Ausübung seiner Vernunft so weit
gekommen, daß er zu seinen moralischen Handlungen edlere, würdi-
gere Bewegungsgründe bedurfte und brauchen konnte, als zeitliche
Belohnung und Strafen waren, die ihn bisher geleitet hatten.*» (§ 57)
So wird die «christliche Religion» das zweite Erziehungsbuch. Die
Lehre Christi, zunächst als der neue Bund Gottes, dem «Auserwähl-
ten Volk» gegeben, trug jedoch menschheitlichen Charakter in sich,
und hinausgetragen in die Welt, ist sie zu einem neuen «*Richtungs-
stoß für die menschliche Vernunft geworden*». (§ 63) Das große «*lang-
same Rad*», das die Menschheit ihrer Vollkommenheit näherbringt,

wird aber durch viele *«kleinere schnellere Räder in Bewegung gesetzt»; (16)* und dieses kleinere Räderwerk läuft nach den Gesetzen
von Karma und Reinkarnation ab. Denn welchen Sinn hätte es, wenn
Seelen das zweite Erziehungsbuch der Menschheit empfangen würden, die das erste nicht absolviert haben, fragt Lessing? Um dieses
Weitertragen der geistigen Gehalte aber zu sichern, muß der einzelne
Mensch seine Inkarnation wirklich ausschöpfen; andernfalls bleibt er
im großen Evolutionsfortgang zurück, verhärtet und retardiert die
Entwicklung.

Gerade an Lessings Erziehungswerk ist das Zusammenfallen von
Kontinuität und Höherentwicklung mit Händen zu greifen. Deshalb
wurde der Mythos vom «Ewigen Juden» auch mit diesem Volk in
Verbindung gebracht. Denn alle Messias-Prophetie, alle Weiterent-
wicklung gipfelt in der Gestalt des Christus Jesus, der nicht nur das
alttestamentarische Gedankengut in verwandelter Form weitergetra-
gen hat, sondern auch allen heidnischen Hoffnungen die Erfüllung
gab. Aber einer war, der stellte sich dem entgegen, wies die zukunfts-
trächtige Botschaft zurück und mußte die Schicksalsfolgen auf sich
nehmen, die dieses Verhalten unausweichlich nach sich gezogen hat.
Julius M o s e n legt diese, als «Strafe» erscheinende karmische Notwendigkeit in seinem Epos «Ahasver» einem Engel in den Mund:

«Ans Erdenleben hast du dich verwettet,
Es werde dir zu Teil, was du begehrt,
So sei an dieses Leben angekettet!

Vorüber spurlos sollen dir die Zeiten,
Vorüberschreiten machtlos an dir hin,
Vorüber, aber lang wie Ewigkeiten!

Versagt sei dir des Todes süßer Frieden,
Versagt des Menschen letzter Trost, der Schlaf,
Versagt von nun an alle Ruh hienieden ...» (17)

Daß in all diesen Überlieferungen und dichterischen Entwürfen auch Wesenszüge unseres Dramen-Helden urständen, dürfte nicht zu übersehen sein. Bei der Holländer-Gestalt kommt jedoch noch ein spezieller Wesenszug hinzu, der in dem überlieferten Sagenstoff von Ahasver vielleicht auch hintergründig mitschwingen mag, in aller Deutlichkeit jedoch erst in der Sage des unseligen Seemanns erkennbar wird: es ist der Wille, sich in unrichtiger Weise die Ewigkeit zu erringen. Und wenn «Satan» diesem Willen Gehör schenkte und den Frevler über sein sterbliches Menschsein hinaushob, dann könnte man dies als eine Art Gegenbild zu Golgatha verstehen; als das satanische Experiment, einem Menschen jene Göttlichkeit zu verleihen, von der ihm im Paradiese durch den Widersacher die erste Kunde wurde. Während sich auf Golgatha die Menschwerdung des Göttlichen vollzog, die mit dem Tode am Kreuze der Schöpfung den erlösenden Sinn gab, haben wir es hier mit dem Verlangen zu tun, sich mit dieser vergänglichen Erdennatur dem Tode zu entziehen, den Gesetzen des irdischen Lebens nicht länger unterworfen sein zu wollen und sich zur göttlichen Seins-Welt zu erheben. Da der Tod aber, wie ausführlich dargestellt worden ist, für den Menschen die Frucht des Lebens bedeutet, das große Geheimnis Gottes, kann sein Entzug nur die restlose Abschnürung des Menschen von seinem Ursprung bewirken. Dies aber setzt ihn der Gefahr aus, aus dem ganzen Evolutionsfortgang herauszufallen. Es ergibt sich daher von selbst, daß die Sage diese Gestalt mit dem «Bösen» in Verbindung bringt.

Damit dürfte sich der vorhin aufgeworfene Widerspruch gelöst haben. Es ist wohl richtig, daß sich der Holländer nicht im Sinne eines irdischen Genießens, bzw. wie Ahasver, im Sinne eines irdischen Machtstrebens an diese Erdenwelt klammerte. Gerade über das Irdisch-Sinnliche will er sich ja erheben und *sein wie Gott*. Aber er strebt dieses Sein mit seiner leiblichen Sinnesnatur an, will sich als Erdenmensch Fähigkeiten erringen, die nur einem Geistwesen gemäß sind, und eben dies wirft ihn um so tiefer in sein Irdisch-Kreatürliches zurück und fesselt die Entelechie an ihre, zu todlosem Dasein verurteilte Erdengestalt.

Um es ganz unmißverständlich auszusprechen: nicht das Streben über sein erdgebundenes Menschentum hinaus zu gelangen ist des Holländers Verfehlung, sondern die Art, wie er dies vollzieht. Denn Christus selbst hat den göttlichen Funken bestätigt, der dem Menschen durch seine Ebenbildschaft innewohnt: *«Steht nicht geschrieben in eurem Gesetz: ‹Ich habe gesagt: Ihr seid Götter.›» (Joh., X.34)* Der Frevel liegt erstens darin, daß er seine Göttlichkeit aus Trotz, Hochmut und Überheblichkeit unter Beweis stellen will, eine egoistische Herausforderung des Göttlichen also, der keinerlei edles Motiv zugrunde liegt; und zweitens, daß er dieses Unterfangen ohne jegliche Vorbereitung, ohne nötige Schulung erstrebt, wie sich ihr etwa Faust, wenn auch in unzulänglicher Weise, unterzogen hat. Und sowohl in diesem egoistischen Motiv, als auch in seiner Unreife liegt die zu starke Bindung an die Erdenkräfte, die dann Ursache ist, daß sich seine Individualität nicht von ihrer Leibesgestalt lösen kann. Die Negierung und Mißachtung der Erde durch den Holländer kann sich daher nur auf die wahren Schätze beziehen, die diesem Planeten durch Golgatha zuteil wurden.

Wie aufrüttelnd müßte die Anmahnung dieser Sage auf unser heutiges Denken eigentlich wirken. Denn ist es nicht in gleicher Weise gewillt, Zeugnis abzulegen, daß der Mensch stärker und mächtiger ist als die Willkür tobender Elementargewalten? Versuchen wir nicht unentwegt mit Hilfe der durch den Menschengeist geschaffenen Technik Herrschaft über die Elemente, ja über das ganze Universum zu gewinnen? Streben wir nicht danach, uns auch die Biosphäre, den Lebensbereich dienstbar zu machen, und dies alles mit untauglichen Mitteln; mit reinem Verstandesdenken, nicht durch bewußtseinserweiternde, geistige Fähigkeiten wollen wir in die Sphären dringen, zu denen sich – leibfrei – unser unsterbliches Ich erheben sollte. Diesem, ganz an der Materie orientierten Denken, ist das Wort «Unsterblichkeit», der Begriff eines nachtodlichen Lebens, längst eine Leere Hülse geworden. Da die Geistexistenz des Menschen durch diesen Intellekt geleugnet wird, geht es nicht mehr um Unsterblichkeit, sondern um eine möglichst nicht endende Lebensverlängerung. Biologie und Medizin, sie streben mit aller Vehemenz nach der Herrschaft über die Lebenskräfte, aber mit der vollen Gebundenheit an die physische

Leiblichkeit. Gleich dem Holländer, erhebt sich auch dieses Denken aus grenzenlosem Egoismus zu einem übersteigerten Selbstgefühl, um mit «tollem Mut» in Bereiche zu dringen, in denen die irdischen Raum- und Zeitdimensionen ihre Grenzen erkennen lassen. Treiben wir die Utopie dieses Strebens auf die Spitze und denken wir uns ein Menschenwesen, das sich diese Herrschaft über die Lebenskräfte insofern errungen hätte, indem es sich sein Leben durch künstliche Organe auf unbestimmte Dauer verlängern könnte. Wäre es dann «wie Gott»? Es wäre das elendste Geschöpf auf dieser Erde, todlos gefesselt an die immer gleiche irdische Persönlichkeit. Ein zwecklos herumirrendes Wesen, nicht wissend, warum es atmet, warum das Blut noch zirkulieren muß in dieser ihm völlig fremd gewordenen Welt, da es ganz aus dem Zusammenhang mit dem ihm vertrauten Menschenkreis herausgefallen ist. Diese Fesselung an unsere irdische Leiblichkeit, verbunden mit Bewußtseinskräften, die uns ein Widergott verleiht, steht mit drohender Ungeheuerlichkeit am Zukunftshorizont unseres Zeitalters:

«Hui! – Und Satan hört's – Johohe!
Hui! – Nahm ihn beim Wort! – Johohe!

Hui! – Und verdammt zieht er nun
Durch das Meer ohne Rast, ohne Ruh'! –»

Im Spiegel des Holländer-Schicksals erblicken wir unser eigenes Menschenlos, das uns droht. Wo liegt Befreiung, wo winkt Heilung?

Damit sehen wir uns an den zweiten großen Fragenkomplex der Holländer-Problematik herangeführt: an seine Erlösung. Hier dürfte uns die andere «Grundgestalt» etwas weiterhelfen, die Wagner zum Verständnis angeführt hat: Odysseus.

Die Irrfahrten des Odysseus mögen einen gewissen Gleichklang zum Schicksal unseres Dramen-Helden aufweisen, Aufschluß für ein tieferes Verständnis des Holländers dürfte kaum daraus zu gewinnen sein. Viel zu gravierend ist die Unterschiedlichkeit der Ausgangspunkte und Voraussetzungen beider Menschenlose. Wohl aber kann wesentlichstes aus dem Ziel abgelesen werden, dem Odysseus zustrebt: seine Heimkehr und die Vereinigung mit Penelope.

Odysseus kehrt dorthin zurück, von wo er ausgezogen ist. Penelope umschließt Anfang und Ende seines Weges. Penelope war Odysseus gegeben, ehe er seine Heimat verließ, wenn ihm auch nicht voll bewußt gewesen sein mag, welchen Schatz er sein nennen durfte. Dieses Bewußtsein hat ihm erst seine Irrfahrt mit ihrer Stufenfolge: Kirke, Kalypso, Nausikaa gebracht. Zweifellos die Stufenfolge einer seelischen Entwicklung, deshalb wird sie vom Mythos durch weibliche Gestalten dargestellt. Penelope aber, trotzdem sie darin die höchste Stufe für Odysseus bedeutet, ist die *«heimatlich Sorgende»;* jenes Weibliche jedoch, das der Holländer finden soll, ist ein noch *«unvorhandenes»,* *«ersehntes und geahntes»* Prinzip, das *«unendlich weibliche Weib».* *(10)* Was mag Wagner darunter verstanden haben? Gewiß sah er darin mehr, als die ausharrende Treue Penelopes.

Zum Zeugnis ihrer Treue zeigt uns der Mythos ein sehr weisheitsvolles Bild. Penelope wird während Odysseus langer Abwesenheit von einer Schar Freier bedrängt. Sie hält sie aber mit dem Vorwand von sich fern, ihre Hand erst dann reichen zu wollen, bis sie ein Gewebe fertig gesponnen hätte. Diese Arbeit aber kann nie ihre Vollendung finden; denn des Nachts löst sie alles Gewirkte auf, das sie am Tage gewoben hatte. Wenn wir nun in Penelope die treue, ihres Ichs harrende Seele sehen – und dies dürfen wir gemäß den Gepflogenheiten der mythologischen Bildersprache –, so zeigt sich darin, wie das im Tagesbewußtsein Verarbeitete, nächtens im Schlafe, wenn die Seele nicht mehr der Welt der «Freier», sondern den schöpferischen Kräften des Kosmos hingegeben ist, wiederum aufgelöst, gleichsam für nichtig erklärt wird. Das Hemd aber, das Penelope webt, ist ein Totenhemd für Laertes, den Vater des Odysseus, bestimmt. Penelope webt und wirkt noch für eine «Vaterwelt». Hier dürfte das Kriterium zu suchen sein, das Wagner veranlaßte zu sagen, für den Holländer könne nicht mehr die *«heimatliche Penelope»* die Erlöserin sein. Der Holländer hat sich von dieser Vaterwelt längst gelöst und ist viel zu tief in den Sündenfall gestiegen. Die nächtliche «Korrektur» des Tagesgespinstes ist für das Geisterschiff des unseligen Kapitäns zu einer Irrfahrt geworden, ohne Ziel und Zweck, wenn uns die Sage berichtet, es segle in der Nacht den Weg zurück, den es tags zuvor genommen hatte. Und wir ahnen vielleicht, daß dieses noch nicht vorhandene, aber ersehnte Weibliche allein der «Sohneswelt» verbunden sein muß. Dies fügt der Treue ein von opfervollster Hingabe erfülltes Mitleiden hinzu, das bereit ist, selbst das eigene Leben dafür hinzugeben.

Diese, ganz auf christlichem Boden erwachsene Erlösungstat finden wir schon bei Hartmann von Aue, in seinem Epos vom «Armen Heinrich». Dort lesen wir:

«An Herrn Heinrich wurde offenbar: Wer auf der Erde das höchste Ansehen besitzt, der wird von Gott verworfen. Durch Gottes Gebot schlug den Ritter auf dem Höhepunkt seines Ansehens eine erniedrigende Krankheit: ‹in ergreif diu miselsuht›, der Aussatz befiel ihn. Männern und Frauen wurde er nun zum Abscheu, als sie diese Strafe Gottes an ihm erblickten. Wie gerne man ihn auch vorher in den höfischen Kreisen gehabt hatte, jetzt wollte ihn niemand mehr sehen – es ging ihm wie dem edlen Hiob, der mitten aus dem Glück in das höchste Elend gestürzt wurde.» (18)

Aber Heinrich war kein geduldiger Hiob. Auf den Glanz und die Ehren, die das Ritterleben zu bieten hatten, wollte er nicht verzichten. Und so zieht er von Ort zu Ort, um die berühmtesten Ärzte zu konsultieren. Aber immer wird ihm die gleiche, trostlose Auskunft zuteil, daß er unheilbar krank sei. In Salerno jedoch kündet ihm der *«größte Gelehrte»* einen Hoffnungsschimmer an: *«zwar sei er heilbar, aber dennoch müsse er krank bleiben».* Das Rätsel dieses Widerspruches liegt in dem Heilmittel, *«das sich keiner beschaffen kann, auch wenn er reich und klug ist!»* Denn diese Arznei läßt sich nicht kaufen oder sonstwie erwerben. *«Ihr müßtet nämlich eine Jungfrau finden, die freiwillig für Euch zu sterben bereit wäre.»* Und das Unbeschreibliche geschieht; Heinrich findet das Wesen, das für ihn zu sterben bereit ist:

«O doch, lieber Herr, Ihr sollt Hilfe bekommen und nicht einen Tag länger darauf warten müssen! Ihr habt doch selbst gesagt: Wenn eine reine Jungfrau freiwillig für Euch stürbe, dann könntet Ihr geheilt werden? Bei Gott! Ich selber will das für Euch tun, denn Euer Leben ist wertvoller als das meine!» (18)

Im Augenblick ihrer Todesbereitschaft aber überwindet sich der Schwergeprüfte. Das Opfer anzunehmen, erscheint ihm plötzlich nicht mehr als gut und richtig. Eine völlig neue Gesinnung ergriff ihn, und *«eine vollkommene Umwandlung ging in ihm vor sich; er warf das alte Wesen von sich und wurde plötzlich ein neuer, besserer Mensch.»* (18) Um das Leben der Jungfrau zu retten, ist er bereit, sein Schicksal ohne Auflehnung fürderhin zu tragen.

«Gott aber, ‹cordis speculator› – keine Seele ist vor Ihm verschlossen – Gott also erkannte nun ihre Treue und Not. Er hatte sie beide in Seiner liebevollen Vorsehung einer ebenso vollkommenen Erprobung für würdig gehalten wie den mächtigen Hiob. Jetzt aber zeigte Christus, der Heilige, wie hoch Er Treue und Barmherzigkeit einschätzt; Er erlöste sie beide von allem Kummer und machte den Ritter im Augenblick völlig gesund.» (18)

Der Weg von Hiob zu Christus, den uns das Epos weist, bestärkt uns in der Ansicht, die wir vorhin in bezug auf das *«noch nicht vorhandene»,* doch *«geahnte und ersehnte»* Weibliche äußerten. Aus dem Seelenschoß des Jungfräulichen wird die heilende, selbstlos-mitleidende Liebe geboren, – das christliche Mysterium.

«Doch kann dem bleichen Manne Erlösung einstens noch werden,
Fänd' er ein Weib, das bis in den Tod getreu ihm auf Erden! –»

Des Holländers Ruf nach dem Tode ist die Sehnsucht des Ich, jenen nachtodlichen Aufstieg in die höheren, ihm gemäßen Himmelssphären erfahren zu dürfen, wie er Faust am Ende zuteil wird, wenn ihm die selbstlose Liebe Gretchens, das «Ewig Weibliche» der Seele, das Tor dorthin öffnet:

«*Komm! hebe dich zu höhern Sphären!*
Wenn er dich ahnet, folgt er nach.» *(Vers 12094/95)*

Die Düsternis seines Monologes ließ uns erkennen, daß dem Holländer jedoch jegliches Hoffen und Ahnen geschwunden ist. Nur die Musik mit ihrem strahlenden C-Dur-Akkord am Ende seines Vernichtungsgesanges sprach uns von der objektiven Gültigkeit der Heils-Prophezeiung.

Dritte Szene

Der Eindruck, den das gespenstische Verhallen des Chores der Holländer-Mannschaft hinterließ, weicht einer liebenswert-heiteren Stimmung, wenn nunmehr Daland, noch etwas schlaftrunken aus der Kajüte kommt und seinen noch tief im Traumland versunkenen Steuermann weckt. Das begleitende Motiv ist eine, dem Gesang Dalands in der ersten Szene nachgebildete Sextolenfiguration. Des Steuermanns Traumbilder zeichnet der kecke Beginn der Matrosentanz-Melodik in Celli und Fagotte nach; dagegen spricht sich die, von dem Schlafenden noch nicht wahrgenommene Wirklichkeit – die Ankunft des Holländer-Schiffes – durch das Holländer-Thema in den Bratschen und Fagotten aus. Um seine Munterkeit jedoch zu bezeugen, nimmt der Aufgeschreckte mit der Versicherung: «'s ist nichts! 's ist nichts!» sein Lied vom Südwind wieder auf.

> «Du siehst nichts? – Gelt, du wachest brav, mein Bursch!
> Dort liegt ein Schiff... wie lange schliefst du schon?»

Die Wechselrede zwischen Daland und seinem Steuermann ist hauptsächlich in der Form des Secco-Rezitativs, eines trockenen, rasch die Handlung vorwärtstreibenden Sprechgesanges gehalten. Dort jedoch, wo es sich um gewichtigere Vorgänge handelt, wie etwa bei den vergeblichen Rufen des Steuermanns durch das Sprachrohr: «Wer da? Wer da?», tritt das Accompagnato-Rezitativ» in Erscheinung, das der Wortdeklamation nicht bloß die harmonische Stütze gibt, sondern selbst musikalische Akzente setzt, die den Sinngehalt des Wortes nachzeichnen und unterstreichen. Der Gesang löst sich dabei ebenfalls von seinem reinen Sprechton und gewinnt ariose Züge.

Der zweimalige Anruf erhält keine Antwort:

«Es scheint, sie sind gerad'
So faul als wir.»

Da erspäht Daland den Kapitän des fremden Schiffes am Land, der sich ihm als Holländer zu erkennen gibt. Ein Unisono-Thema der Bratschen und Celli, auf düstere Posaunenklänge gestützt, geht seinen Worten voraus.

Das Motiv spricht von unsagbarer Einsamkeit und Hoffnungslosigkeit. Werden ihm während des Dialogs mit Daland doch auch die Worte beigefügt: «Ich habe weder Weib noch Kind». Überhaupt wird diese ganze Szene von den zwei gegensätzlichen Lebensstimmungen beherrscht, die sich in den beiden Gestalten personifizieren. Daland der biedere, gutmütig-freundliche Spießer, der Holländer dagegen in seiner ganzen Trauer, seinem Ernst und seiner Verzweiflung. Franz Liszt bemerkt dazu:

«Es läßt sich nicht leugnen, daß die Verbindung der beiden Personen, die durch das große, sehr ausführliche Schluß-Duett zu einer innigen wird, eine unangenehme moralische Dissonanz hervorruft ... Hier bei Wagner sind die beiden Personen zu unähnlich; es ist ein zu großer Abstand zwischen ihnen, als daß die Wirkung ihrer verschmelzenden Stimmen nicht als eine forcierte (etwas opernmäßige) erscheinen sollte. Während der eine sich zum Tragischen erhebt, sind dem

anderen absichtlich musikalische Gemeinplätze in den Mund gelegt, welche die Gewöhnlichkeit seines Charakters auf das schärfste wiedergeben.» (4)

An dieser Zwiespältigkeit ändert auch nichts das Bemühen des Holländers, sich in seiner musikalischen Ausdrucksweise der Sprache Dalands und ihren «Gemeinplätzen» anzupassen. Immer wieder läßt sein Gesang melodische Linien aufblitzen, die ganz vom Geist seines großen Monologs geprägt sind. So etwa die ruhig gesprochenen Worte: « Weit kam ich her . . .»; die gleiche Trauer spricht aus ihnen, wie in den ersten Sätzen des Monologs: «Die Frist ist um . . .» Das Verhalten des Holländers hat in dieser Begegnung mit Daland *stille, ruhige Würde» (7)* auszustrahlen:

«Sein Ausdruck ist gleichmäßig, edel, aber ohne irgend welchen starken Akzent: er handelt und redet hier wie nach alter Gewohnheit: so oft schon hat er ähnliche Begegnungen und Unterhandlungen erlebt; Alles, auch die scheinbar absichtlichsten Antworten und Fragen, geschieht wie unwillkürlich; er handelt gleichsam unter dem Zwange seiner Lage, der er sich, wie ermüdet, teilnahmslos und mechanisch ergibt.» (7)

Auch sein g-Moll-Gesang, in dem er Daland von seinen Irrfahrten erzählt, ist bar jeder Leidenschaft; nur tiefe Resignation spricht aus ihm, trotz der malerischen, in gebrochenen Linien auf- und abwogenden Geigenfiguren, welche Irrfahrt und Sturm so stark akzentuieren.

«Durch Sturm und bösen Wind verschlagen,
Irr' auf den Wassern ich umher, –
Wie lange? weiß ich kaum zu sagen:
Schon zähl' ich nicht die Jahre mehr.»

Wie sollte der Ruhelose all die Namen der Länder wissen, die er jedesmal mit inbrünstiger Zuversicht betrat und mit bitterster Enttäuschung wieder verließ? Namen und Zahl zu wissen ist auch völlig belanglos. Nur ein einziges Wissen hat sich als unumstößliche Gewißheit in seine Seele gegraben:

«Das Eine nur, nach dem ich brenne, –
Ich find' es nicht, mein Heimatland! –»

Das Motiv der Hoffnungslosigkeit und Gebrochenheit unterstreicht
den ariosen Gesang und leitet wieder zum rezitativischen Tonfall

«Vergönne mir auf kurze Frist dein Haus,
Und deine Freundschaft soll dich nicht gereun!
Mit Schätzen aller Gegenden und Zonen
Ist reich mein Schiff beladen; – willst du handeln,
So sollst du sicher deines Vorteils sein.»

Wieder klingt die philiströs-behäbige Daland-Sextole auf, welche die
Szene einleitete; ihr immer wieder neu ansetzender Tonfall drückt
deutlich das aufleuchtende Interesse aus, das der norwegische Kapitän an der Person des unbekannten Seemanns nimmt.

«Wie wunderbar! Soll deinem Wort ich glauben?
Ein Unstern, scheint's, hat dich bis jetzt verfolgt.
Um dir zu frommen, biet' ich, was ich kann.
Doch – darf ich fragen, was dein Schiff enthält?»

Die unstet-rhythmisierte, einmal von der Höhe abwärtssteigende,
dann von der Tiefe sich aufrichtende Melodik der Begleitfiguren verrät nur zu sinnenfällig die Spannung, die Daland befallen hat. Und
das Unglaubliche raubt ihm fast den Atem. «Für das Obdach einer
einzigen Nacht» sollen all die Perlen, soll das kostbare Gestein ihm
gehören, die von Matrosen des Holländerschiffes in einer Kiste an
Land gebracht werden.

«Wie? Ist's möglich? Diese Schätze!
Wer ist so reich, den Preis dafür zu bieten?»

Aber der Unbekannte bietet noch mehr; was sollen ihm all die Schätze frommen?

«... Ich habe weder Weib,
Noch Kind, und meine Heimat find' ich nie!»

Das Motiv der Gebrochenheit trägt diese Worte. Weiß er doch wie
kaum ein zweiter es nur wissen kann, daß alle diese Schätze, die
unserer Erdennatur so begehrenswert und unbezahlbar erscheinen,
für das « Drüben» untauglich und unbrauchbar sind. Deshalb ist er
bereit, den ganzen Schatz preiszugeben, wenn er jenes Kleinod fände,
das ihm das Tor zu diesem Jenseits zu öffnen vermag, nach dem er so
vergeblich sucht.

«All meinen Reichtum biet' ich dir, wenn bei
Den Deinen du mir neue Heimat gibst.»

Den Höhepunkt dieses melodischen Aufstiegs bei dem Wort: «wenn
bei den Deinen...» erreicht das Melos auf dem Fis-Dur-Akkord,
dem «Schwellenpunkt» im Quintenkreis, in dem sich die Kreuzton-
harmonie mit den Be-Tonarten in sechsfacher Alteration begegnen:
Fis-Dur – Ges-Dur. Bei der bangen, aber entscheidenden Frage:
«Hast du eine Tochter?», erwacht wie von selbst, *«unwillkürlich»* in
ihm auch wieder *«seine Sehnsucht nach Erlösung»*:
*«Nach dem furchtbaren Ausbruche seiner Verzweiflung ist er jetzt
milder, weicher geworden, und mit rührender Trauer spricht er seine
Sehnsucht nach Ruhe aus. Die Frage: ‹Hast Du eine Tochter?› wirft er
noch mit anscheinender Ruhe hin; die enthusiastische Antwort Dalands: ‹fürwahr, ein t r e u e s Kind› reißt ihn dann plötzlich aber wieder zu der alten (so oft als einer vergebenen erkannten) Hoffnung
hin; wie mit krampfhafter Hast ruft er: ‹Sie sei mein Weib!›»* (7)
Daland, «freudig betroffen», ist sofort bereit, die Tochter dem
reichen Unbekannten zur Gattin zu geben.

«Wie? Hör' ich recht? Meine Tochter sein Weib?
Er selbst spricht aus den Gedanken!...
Fast fürcht' ich, wenn unentschlossen ich bleib',
Er müßt' im Vorsatze wanken.»

Die freudige Überraschung, die sich in diesem rhythmisch, wie melodisch etwas spießerisch anmutenden Gesang ausdrückt, mag Liszts Wort von den *«musikalischen Gemeinplätzen»* bestätigen. Tatsächlich kann uns der Eifer, mit dem Daland hier die Hand seiner Tochter «verkauft», befremden, und den biederen Norweger in unseren Augen zu einem habgierigen Feilscher stempeln. Wagner selbst war sich dessen bewußt und hat sich daher veranlaßt gesehen, in seiner Dramen-Charakteristik auch einige Sätze zur Ehrenrettung Dalands niederzuschreiben:

«Noch ersuche ich den Darsteller des D a l a n d , diese Rolle ja nicht in das eigentlich Komische hinüber zu ziehen: er ist eine derbe Erscheinung des gemeinen Lebens, ein Seefahrer, der um des Gewinns willen Stürmen und Gefahren trotzt, und bei dem z. B. der – gewissermaßen so erscheinende – Verkauf seiner Tochter an einen reichen Mann durchaus nicht als lasterhaft erscheinen darf: er denkt und handelt wie Hunderttausende, ohne im mindesten etwas Übles dabei zu vermuten.» (7)

Diese Sicht macht den «Kauffahrer» zwar zu keinem selbstlosen Idealisten, aber man kann verstehen, daß ein Mann, dessen Lebensbeschäftigung aus Handel und Gütertausch besteht, und der um dessentwillen jede Gefahr auf sich nimmt, ja sein Leben dafür einsetzt, daß *«diese derbe Erscheinung des gemeinen Lebens»* auch in Herzensangelegenheiten nüchtern und ohne Sentimentalitäten handeln wird. Auch Erik wird es zu Senta aussprechen: «Dein Vater, ach! – nach Schätzen geizt er nur ...» Schließlich darf man auch das harte, entbehrungsreiche, karge Leben nicht übersehen, das diesen, an der nordischen See lebenden Menschen beschieden ist. Auch wird der zweite Akt zeigen, daß der Wunsch Dalands, diesen so überreichen Fremden zum Eidam zu gewinnen, doch nicht so weit geht, sich über den Willen seines Kindes hinwegsetzen zu wollen.

Wie es die Operntradition verlangte, vereinen sich die beiden Stimmen zu einem Duett, das in seinem sachte anziehenden Accelerando den Aktschluß wirkungsvoll vorzubereiten beginnt. In großartiger Weise gelingt es dabei Wagner, trotz des harmonischen Ineinanderfließens der Stimmen, jedem Melos auch sein eigenes, dem Charakter der Dramenfigur gemäßes Melos zu wahren. Während sich Daland ob seiner Freude über die Aussicht, einen so reichen Schwiegersohn sein nennen zu dürfen, nicht genug tun kann:

> «Wüßt' ich, ob ich wach' oder träume?
> Kann ein Eidam willkommener sein?
> Ein Tor, wenn das Glück ich versäume!
> Voll Entzücken schlage ich ein.» –,

gießt der Holländer sein ganzes Leid, die Öde und Einsamkeit seines Daseins in seinen Gesang:

> «Ach, ohne Weib, ohne Kind bin ich,
> Nichts fesselt mich an die Erde!
> Rastlos verfolgte das Schicksal mich,
> Die Qual nur war mir Gefährte.»

Ein in punktierten Rhythmen aufjubelndes Terzenmotiv, mitunter als «Hochzeitsruf» bezeichnet, ist wohl nicht nur Ausdruck von Dalands freudiger Zuversicht, sondern spricht uns gleichermaßen auch von dem Seelenwandel in des Holländers Brust.

«Die alte Sehnsucht erfaßt ihn wieder, und mit dem rührendsten Ausdrucke gibt er sich der (äußerlich ruhigen) Schilderung seiner Lage in dem Gesange: ‹ach, ohne Weib, ohne Kind bin ich› hin.» (7)

> «Läß'st du zu dem Bund dich erweichen,
> O, so nimm meine Schätze dahin!»

Der «Hochzeitsruf» leitet aber auch gleichzeitig zum Mittelteil des Duettes über, in dem in kurzer Wechselrede der Vater in warmen, innigen Worten seine Tochter preist, und damit bekundet, daß ihm sehr wohl auch ein fühlendes Herz in der Brust schlägt:

> «Wohl, Fremdling, hab' ich eine schöne Tochter,
> Mit treuer Kindeslieb' ergeben mir;
> Sie ist mein Stolz, das höchste meiner Güter,
> Mein Trost im Unglück, meine Freud' im Glück.»

Die pochenden Terzenrhythmen des «Hochzeitsrufes» zu mannigfaltigsten Figurationen variiert, zeigen, welch Lichtstrahl bei Dalands Worten auch in die Seele des düsteren Seemanns fällt:

> Daland: «Du gibst Juwelen, unschätzbare Perlen,
>   Das höchste Kleinod doch, ein treues Weib –
> Holländer: Du gibst es mir?»

Der Schlußteil des Duettes, ein Allegro agitato, ist mehr von der Sprache des Holländers geprägt, der sich der Hoffnung: «Wird sie mein Engel sein?», nicht mehr entziehen kann, so bang und scheu er ihr sein Herz auch öffnet:

«Wenn aus der Qualen Schreckgewalten
Die Sehnsucht nach dem Heil mich treibt,
Ist mir's erlaubt, mich festzuhalten
An e i n e r Hoffnung, die mir bleibt? . . .

Ach! ohne Hoffnung, wie ich bin,
Geb ich mich doch der Hoffnung hin!»

*«Die . . . warme Schilderung, welche der Vater von seiner Tochter
entwirft, belebt im Holländer die alte Sehnsucht nach ‹Erlösung
durch eines Weibes Treue› immer mehr, und steigert sich im Schluß-
Allegro des Duettes bis zum leidenschaftlichsten Kampfe zwischen
Hoffnung und Verzweiflung, in welchem die Hoffnung fast schon zu
siegen scheint.» (7)*
Die punktierten Rhythmen des «Hochzeitsrufes» formen sich zu
einem neuen Freuden-Thema, welches, getragen von Holzbläsern
und Hörnern, wie ein Götterfunke in den bewegten Gesang der beiden Männer mit seinem reichen Figurenwerk, hineinblitzt.

Der Schlußton des Duettes, das G –, Grundton der bisherigen
Dur-Harmonie, wird schlagartig und überraschend zur Quinte eines
Septimenakkordes (als Terzquartakkord g-b-c-e) umgedeutet, der
von Bläsern und Streichern in Fortissimo einsetzt, und der plötzlichen Wendung Ausdruck verleiht, die sich in der Atmosphäre vollzogen hat: Südwind ist aufgekommen, «der Sturm hat sich gänzlich
gelegt». Der Steuermann verkündet freudig die Botschaft und
stimmt, von den ihre Mützen schwenkenden Kameraden unterstützt,
sein Lied an:

«Ach lieber Südwind blas' noch mehr...»

Motive des Matrosentanzes, von den Geigen beschwingt intoniert, steigern die Fröhlichkeit zu überschwenglicher Lebensfreude. Schließlich stimmt der ganze Chor in das Lied ein:

«Mein Mädel, bin dir nah! Hurra!»

Unter jauchzenden Matrosenrufen sticht das Schiff Dalands in See. Auch der Holländer besteigt sein Schiff. Mit nicht endenden «Ho-He»-Rufen des Orchesters geht es der Heimat zu. Ein jubelnder, begeisternder Aktschluß, von effektvollster Dramatik erfüllt.

Zweiter Aufzug

Einleitung

«*Das große wilde Meer mit seinen darüber gebreiteten Sagen ist aber ein Element, das sich nicht willig zu einer modernen Oper zustutzen läßt*», schreibt Wagner an den ihm befreundeten Schauspieler Ferdinand Heine in Dresden, «*und die ganze Meer durchbrauste Sage vom fliegenden Holländer, die mich nun einmal so einnahm, daß sie nach einer künstlerischen Reproduktion in mir verlangte, schien mir heillos verstümmelt und verstutzt werden zu müssen, wenn sie als Operntext den modernen Anforderungen an pikanten Spannungen und Überraschungen etc. genügen sollte.*» (1)

Wagner nahm sich daher vor, an dem Stoffe, «*wie er sich ganz von selbst bot*», nichts zu verändern, vielmehr «*den ganzen Duft der Sage... sich ungestört über das Ganze verteilen zu lassen*». (1) Dadurch hoffte er, den mit einiger Poesie begabten Zuhörer in jener Stimmung festbannen zu können, in der man «*die düstere Sage bis zur Behaglichkeit liebgewinnen kann*». (1) Dieser Intention mußte auch die Musik folgen und durfte daher «*dem modernen Zeitgeschmack nirgends das geringste Zugeständnis machen*». (1)

«*Den modernen Zuschnitt in Arien, Duetten, Finales etc. mußte ich sogleich aufgeben, um dafür in einem Zuge fort die Sage (zu) erzählen, wie es eben ein gutes Gedicht tun muß. Auf diese Weise brachte ich denn eine Oper zu Stande, von der ich – nachdem sie nun aufgeführt ist – nicht begreifen kann, wie sie hat gefallen können, weil sie in ihrem ganzen Äußeren dem, was man jetzt unter Oper versteht, so sehr unähnlich ist, daß ich einsehe, wie ich in Wahrheit Viel von dem Publikum fordere, nämlich daß es mit einem Male von all Dem abstrahiere, was bisher im Theater unterhalten und angesprochen hat*».

Auch diese hier geäußerte Absicht nach strenger Einheitlichkeit und Gebundenheit an den Sagenstoff läßt den Balladen-Charakter erkennen, dem dieses Werk von Anbeginn verbunden war. In glei-

cher Weise spricht Wagner in dem Aufsatz «Zukunftsmusik» über dieses Bestreben:

«Im ‹Fliegenden Holländer› hatte ich im Allgemeinen nur erst darauf Acht, die Handlung in ihren einfachsten Zügen zu erhalten, alles unnütze Detail, wie die dem gemeinen Leben entnommene Intrige auszuschließen, und dafür diejenigen Züge breiter auszuführen, welche eben die charakteristische Farbe des sagenhaften Stoffes, da sie mir hier mit der Eigentümlichkeit der inneren Handlungsmotive ganz zusammenzufallen schien, in das rechte Licht zu setzen hatten, in der Art, daß jene Farbe selbst zur Aktion wurde». (2)

Um das Publikum ganz im Banne der *«seltsamen Stimmung»* zu halten, war daher auch vorgesehen, die Oper in einem Akt aufführen zu lassen, wie wir dies in unserer allgemeinen Betrachtung zu Beginn bereits erwähnten. Auch darüber äußert sich Wagner in dem Aufsatz «Zukunftsmusik», den er an einen französischen Freund schrieb, ganz dezidiert:

«Auf diese fünfaktige, in den allerbreitesten Dimensionen ausgeführte Oper» – gemeint ist der «Rienzi» – *«folgte unmittelbar ‹Der fliegende Holländer›, den ich ursprünglich nur in einem Akte aufgeführt wissen wollte. Sie sehen, daß der Glanz des Pariser Ideals vor mir verblich, und ich die Gesetze der Form für meine Konzeptionen aus einer anderen Quelle zu schöpfen begann, als aus dem vor mir ausgebreiteten Meere der giltigen Öffentlichkeit ...*

Welcher dichterische Wert ihr zugesprochen werden dürfe, weiß ich nicht; doch weiß ich, daß ich namentlich schon bei der Abfassung des Gedichtes mich anders fühlte, als bei der Aufzeichnung meines Libretto's zu ‹Rienzi›, wo ich eben nur noch einen ‹Operntext› im Sinne hatte, der es mir ermöglichen sollte, alle die vorgefundenen, gesetzgebenden Formen der eigentlichen großen Oper, als da sind: Introduktionen, Finale's, Chöre, Arien, Duetten, Terzetten, u. s. w., so reichlich als möglich auszufüllen.» (2)

Mit dem «Holländer» aber hatte sich Wagner von allen derartigen «Entwürfen» endgültig abgewendet, und so mußte Mythos und Sage auch für die Form des Werkes, sowohl in dichterischer wie musikalischer Beziehung der entscheidende Gestaltungsfaktor werden.

Die Absicht, das Werk als ein geschlossenes Ganzes zu verstehen, geht ganz deutlich aus der Einleitungsmusik zum zweiten Aufzug hervor. Denn Wagner greift Takt für Takt, Ton für Ton, den Schluß des ersten Aufzuges wieder auf, von jener Stelle an, wo der Matrosenchor das Steuermannslied anstimmte: «Mein Mädel, wenn nicht Südwind wär...» Gestrichen sind lediglich die letzten vier Takte des vorangegangenen Aktschlusses. Diese Einleitungsmusik hat daher nur Sinn, wenn zwischen erstem und zweitem Aufzug eine Pause liegt. In diesem Falle sollte der Zuhörer durch sie an das vorangegangene Geschehen wieder anknüpfen können und in die entsprechende Stimmung versetzt werden.

Andernfalls jedoch, ohne Pause, mußten die letzten vier Takte bloß eliminiert, und nach dem 41. Takt dieser Einleitungsmusik gesprungen werden, um die musikdramatische Kontinuität zu wahren. Ein Umstand, der ersichtlich macht, daß diese Musik ursprünglich als «Zwischenspiel» gedacht war. Erinnern wir uns auch an das vorhin über die Einheit des Ortes Gesagte: Wir sprachen von der Umwendung des «Außen» in ein «Innen». Die nahtlose Überführung des Matrosengesanges in den Spinnchor verleiht dieser «Umstülpung» einzigartige Erlebniskraft.

Erste Szene

Malt uns die Musik zunächst ein fröhliches Bild der Heimfahrt des Daland-Schiffes, so wandelt sich der unaufhörlich wiederkehrende Sekund-Rhythmus des Seemannsrufes in der Folge immer mehr zum Tonsymbol für das Surren und Summen der Spinnräder. Eine geniale Wandlungskunst, die Wagner hier mit ein- und demselben Motiv zu vollziehen weiß. Noch klingt uns in Oboe und Klarinette der Matrosenruf, noch sehen wir uns draußen am offenen Meer, sehen das Schiff mit geblähten Segeln und glauben die Gischt der Wellen zu hören, da, mit einem Male, umfängt uns ein ganz anderes, anmutiges Bild. Die Matrosenruf-Sekunden lösen sich zu heiteren Trillerketten und in ein unbestimmt murmelndes Tremolo der Violinen und Bratschen auf, um beim Aufgehen des Vorhanges als neues Motiv-Symbol, begleitet von klangmalerischen Figurationen, zu erstehen. Wir sehen uns nach «Innen», in das Haus Dalands geführt; die Mädchen sitzen an ihren Spinnrädern und das so sehr vertraute Sekund-Motiv durchsummt und durchbrummt die hohen wie die tiefen Stimmlagen des Orchesters; ein köstlicher Zusammenklang von behaglichem Schwirren der Spindeln, von Lachen und Geplauder der Mädchen. Während die Oboe die volksliedhafte Weise des Spinnchores bereits vorwegnimmt, treiben Bratschen und ausgelassene Fagotte in den Bässen ihren Ulk. Dann setzt der Gesang der Mädchen ein, der ganz dem Volkslied angepaßt ist. Formal zeigt das dreistrophige Chorlied etwas in sich Kreisendes, rondohaft Gerundetes.

Nach 16 Takten «Gesumme und Gebrumme», schiebt sich ein zwölftaktiger Mittelteil ein, während dem die Räder ein wenig zum Stillstand kommen, und die Gedanken der Mädchen hinausschweifen aufs Meer zu ihren Liebsten:

> «Mein Schatz ist auf dem Meere draus,
> Er denkt nach Haus
> Ans fromme Kind; –
> Mein gutes Rädchen, braus' und saus'!
> Ach! gäbst du Wind,
> Er käm' geschwind.»

Nach diesem kurzen Innehalten aber *«summt und brummt das Sekundmotiv erneut vor dem Ohr»* (1). Und immer voll köstlich-erquickendem Humor die Instrumentalbegleitung; *«da rumpelt es im Cello, geben die Hörner auf unbetontem Taktteil drollige Akzente, warten die ‹zweiten Violinen mit allerliebsten rhythmischen Schelmereien auf den schlechten Taktteilen› (Liszt) auf».* (1)

Über diese Aufnahme volksliedhafter Melodik spricht Wagner in der «Mitteilung an meine Freunde»:

«Die dem modernen Gehöre eingeprägte Opernmelodie verlor nun aber ihren Einfluß auf mich immer mehr und endlich gänzlich, als ich mich mit dem «Fliegenden Holländer» beschäftigte. Lag dies Abwei-

sen des äußeren Einflusses zunächst in der Natur des ganzen Verfahrens, das ich mit dieser Arbeit einschlug, begründet, so erhielt ich nun aber auch eine entschädigende Nahrung für meine Melodie aus dem Volksliede, dem ich mich hierbei näherte.» (3)

Allerdings beschränkte Wagner die volksliedhaften Elemente nur auf jene Stellen, wo der Stoff des Dramas selbst ihn zu nationalen Volkselementen hinführte. Dort jedoch, wo es um den Ausdruck von «Empfindungen dramatischer Persönlichkeiten» (3) ging, hat er sich bewußt der «rhythmischen Volksmelodie» (3) enthalten.

So bezaubernd der Reiz dieses gemütvollen Genrebildes nun auch sein mag, das uns der Aktbeginn vermittelt, für den inneren Vorgang des Dramas ist seine Darstellung gewiß nicht der alleinige Sinn und Zweck. Das «Spinnrad» hat in der Sicht der Märchen und Mythen einen zweifachen Symbolgehalt. Einerseits kann es uns an Klotho erinnern, jene Parze, die den Lebens- und Schicksalsfaden spinnt, oder auch an das Nornenseil der germanischen Götterwelt; andererseits ist das Spinnrad Gleichnis für das «Weifen» von «Gedankenfäden». Zeigt dies doch auch der Sprachgenius auf, wenn er uns etwa sagen läßt, wir hätten «den Faden verloren», wir wären einem «Hirngespinst» erlegen, oder wenn er auf ein verworrenes Denken verweist, das wir als «spinnen» oder «spintisieren» bewerten. Am «Stich der Spindel», d.h. mit dem Erwachen der vom Verstande gesponnenen Gedankenfäden sinkt «Dornröschens» verträumtes Kindheitsparadies in den Schlaf des Vergessens. Für die Märchen- und Sagenwelt ist das Spinnrad immer ein Erweckungssymbol.

Ähnliches zeigt uns auch der Aktbeginn. In der Regieanweisung wird uns gesagt, daß «Senta in einem Großvaterstuhle zurückgelehnt», in «träumerisches Anschauen » des an der Wand hängenden Bildnisses des Holländers versunken ist, während die Mädchen ihr Lied singen. Dieses Lied der emsigen Spinnerinnen aber führt uns hin zum Kernpunkt des Werkes: zur «Ballade», und damit zum entscheidenden Schicksalsaugenblick Sentas. Gleichzeitig jedoch sehen wir sie ihre eigenen Gedanken in der Versunkenheit ihres «träumerischen Anschauens» spinnen. An dieser Versonnen- und Versponnenheit prallen die Scherze und das Gekicher der Mädchen ab. Für die Spottenden hat sie nur Schweigen. Wenn sie die Mädchen mit Erik, dem Jäger, hänseln:

> «Sie hat's nicht not, daß sie sich eilt;
> Ihr Schatz nicht auf dem Meere weilt.
> Bringt er nicht Gold, bringt er doch Wild, –
> Man weiß ja, was ein Jäger gilt!» –,

singt sie sinnend leise vor sich hin. Holzbläser und Hörner intonieren dabei im dreifachen Piano das Erlösungsthema. Ärgerlich versucht Frau Mary, Sentas Amme, die Träumerin in die Wachheit zurückzurufen:

> «Da seht ihr's! Immer vor dem Bild! –
> Willst du dein ganzes junges Leben
> Verträumen vor dem Konterfei?»

Wir wollen bereits hier festhalten, daß Sentas Hingezogenheit zu dem «Konterfei», den Worten der Amme zufolge, nicht eine momentane, närrische Gemütsstimmung eines schwärmerischen Mädchens ist, sondern daß es eine tief mit ihrem Schicksal verbundene Kraft sein muß, die ihr immer wieder den Blick zu diesem Unbekannten wenden und sie hineinsinnen läßt in sein trauriges Geschick.

Durch Frau Marys Ermahnung ist Senta gezwungen zu sprechen. Aber ihre Worte schwellen zu einem Melos voll Sehnsucht und Mitempfinden:

> «Was hast du Kunde mir gegeben,
> Was mir erzählet, wer er sei! – (Seufzend)
> Der arme Mann!»

Und wieder ist es nur Spott, der ihr als Antwort von den Mädchen entgegentönt:

«Sie hört euch nicht, – sie ist verliebt.
Ei, ei! Wenn's nur nicht Händel gibt.
Denn Erik hat gar heißes Blut, –
Daß er nur keinen Schaden tut!
Sagt nichts! – er schießt sonst, wutentbrannt,
Den Nebenbuhler von der Wand.»

Kaskaden von Sextakkorden begleiten das Lachen der Mädchen. Im Kreise ihrer unwissenden, unbeschwerten Gefährtinnen ist Senta die Einsame, Ungekannte und Unverstandene. Jetzt, wo die Hänseleien der Mädchen zu persönlichsten Sticheleien ausarten, fährt Senta heftig auf aus ihrem bisherigen passiven Schweigen.

«O schweigt! Mit eurem tollen Lachen
Wollt ihr mich ernstlich böse machen?»

Lautstark, um ihr jedes weitere Gegenwort abzuschneiden, setzen die Mädchen mit der dritten Strophe ihres Summ- und Brummliedes ein. Aber jetzt ist Senta die Bestimmende:

«O, macht dem dummen Lied ein Ende,
Es summt und brummt mir vor dem Ohr!
Wollt ihr, daß ich mich zu euch wende,
So sucht was Besseres hervor!»

Die dritte Strophe des Spinnchores wird nicht mehr zu Ende geführt. Senta bereitet vielmehr mit ihrem Dazwischentreten den Boden für die «Ballade» vor:

«Hört, was ich rate: –
Frau Mary singt uns die Ballade.»

Da die Genannte jedoch entrüstet dieses Ansinnen zurückweist, will Senta selbst jenes traurige Schicksalslied singen:

«Ich sing' sie selbst! Hört, Mädchen, zu!
Laßt mich's euch recht zum Herzen führen:
Des Ärmsten Los, es muß euch rühren!»

Die Spindeln ruhen; nur Frau Mary setzt trotzig die Arbeit fort. Die andern rücken die Spinnräder zur Seite und gruppieren sich um Senta. War sie bisher ganz versunken im Anschauen des Bildes, entrückt für ihre Umwelt, so drängt es sie jetzt mit der gleichen Gefühlsintensität, dieser Umwelt vom Schicksal des leidvollen Seemanns zu sprechen und in ihr das ganze Mitempfinden wachzurufen, das sie selbst so tief in ihrer Seele fühlt.

Die Ballade vom «Fliegenden Holländer» ist jener Teil des Werkes, den Wagner als ersten in Vers und Melodie gesetzt und ausgeführt hatte.

«Ich entsinne mich, noch ehe ich zu der eigentlichen Ausführung des ‹fliegenden Holländers› schritt, zuerst die Ballade der Senta im zweiten Akte entworfen, und in Vers und Melodie ausgeführt zu haben; in diesem Stücke legte ich unbewußt den thematischen Keim zu der ganzen Musik der Oper nieder: es war das verdichtete Bild des ganzen Drama's, wie es vor meiner Seele stand; und als ich die fertige Arbeit betiteln sollte, hatte ich nicht übel Lust, sie eine ‹dramatische Ballade› zu nennen. Bei der endlichen Ausführung der Komposition, breitete sich mir das empfangene thematische Bild ganz unwillkürlich als ein vollständiges Gewebe über das ganze Drama aus; ich hatte, ohne weiter es zu wollen, nur die verschiedenen thematischen Keime, die in der Ballade enthalten waren, nach ihren eigenen Richtungen hin weiter und vollständig zu entwickeln, so hatte ich alle Hauptstimmungen dieser Dichtung ganz von selbst in bestimmten thematischen Gestaltungen vor mir. Ich hätte mit eigensinniger Absicht willkürlich als Opernkomponist verfahren müssen, wenn ich den verschiedenen Szenen für dieselbe wiederkehrende Stimmung neue und andere Motive hätte erfinden wollen; wozu ich, da ich eben nur die verständlichste Darstellung des Gegenstandes, nicht aber mehr ein Konglomerat von Opernstücken im Sinne hatte, natürlich nicht die mindeste Veranlassung empfand.» (3)

Es gibt bestimmt wenig Beispiele in der Musikgeschichte, an denen so greifbar und klar das Finden des Genius zu seiner ihm eigensten Aufgabe erschaubar wird, wie bei Wagners «Holländer». Hier kann man das Suchen, Ertasten, Erfühlen und doch noch nicht restlose Finden der eigenen Ausdruckskraft buchstäblich mit Händen greifen.

In der «Ballade» liegt zweifellos die musikalische Ursubstanz des Werkes. Ganz aber ist die Vereinheitlichung noch nicht gelungen. Wagner spricht zwar von dem *vollständigen Gewebe*, das ihre Thematik über das ganze Drama breitet, er ist sich auch bewußt, daß die alte, in Arien, Duette und Ensemble-Szenen gegliederte Opernform hier nicht mehr angebracht ist, kann und will sich von ihr jedoch nicht ganz trennen. Er fühlt genau, daß das Finden der neuen Form ein Prozeß ist, der sich nicht spekulativ konstruieren läßt, der sich vielmehr organisch entwickeln muß:

«Durch die so sich bestimmende Natur des Stoffes, war ich beim Entwurfe meiner Szenen nicht im mindesten gedrängt, auf irgendwelche musikalische Form in Voraus Rücksicht zu nehmen, weil sie selbst die musikalische Ausführung, als eine ihnen durchaus notwendige, aus sich bedangen. Bei dem immer sichereren Gefühle hiervon konnte es somit gar nicht mehr einfallen, die notwendig aus der Natur der Szenen erwachsende musikalischen Form durch willkürliche äußere Annahmen, durch gewaltsame Einpfropfung der konventionellen Operngesangsstückformen, in ihrer natürlichen Gestaltung zu unterbrechen und zu hemmen. Somit ging ich durchaus nicht grundsätzlich, etwa als reflektierender Formumänderer, auf die Zerstörung der Arien-, Duett- oder sonstigen Opernform aus; sondern die Auslassung dieser Formen erfolgte ganz von selbst aus der Natur des Stoffes, um dessen gefühlsverständliche Darstellung durch den ihm notwendigen Ausdruck es mir ganz allein zu tun war.

Das unwillkürliche Wissen von jener traditionellen Form beeinflußte mich noch bei meinem ‹fliegenden Holländer› so sehr, daß jeder aufmerksam Prüfende erkennen wird, wie sie mich hier oft noch für die Anordnung meiner Szenen bestimmte; und erst allmählich, mit dem ‹Tannhäuser›, und noch entschiedener im ‹Lohengrin›, also nach immer deutlicher gewonnener Erfahrung von der Natur meiner Stof-

fe und der ihnen nötigen Darstellungsweise, entzog ich mich jenem formellen Einflusse gänzlich, und bedang die Form der Darstellung immer bestimmter nur nach der Erfordernis und der Eigentümlichkeit des Stoffes und der Situation». (3)

Der Kern dieser neu zu erstrebenden Form war *«die charakteristische Verbindung und Verzweigung der thematischen Motive» (3)*, kurz gesagt: die Leitmotiv-Technik, wie sie dann in den großen Bühnenfestspielen voll zum Durchbruch kam. Der erste Ansatz dazu, oder richtiger: der «status nascendi», findet sich aber bereits in der Senta-Ballade. Von ihr aus «verzweigen» sich die Grundthemen und durchdringen das ganze Werk.

Die Ballade

Ein kurzes Vorspiel leitet den Gesang ein. In die mit scharfem Ansatz auftönenden Quintklänge der Holzbläser, Hörner und der tremolierenden Geigen, werfen die Bässe – Kontrabaß, Celli, Tuba und Fagotte – «molto marcato», das uns längst vertraute Holländer-Thema, das allerdings nicht in das erwartete g der Oktave aushallt, sondern nach f springt, welches zum Baßton eines verminderten Terzquart-Akkordes (f-as-h-d) wird, und damit das, durch den Quintenruf des Holländer-Themas zunächst umgrenzte tonale Feld aufreißt. Unmittelbar nachfolgende chromatische Rückungen der Bässe wie der übrigen Stimmen, lassen auch hier die Harmonie im Unbestimmten, bis schließlich die diversen Septakkorde auf der Dominante von g-Moll zur Ruhe kommen, wobei das zu Sechzehntel-Passagen aufgelöste Holländer-Motiv mit seinem D-Dur-Klang den dominantischen Auftakt zum Gesang Sentas gibt.

Dieser Gesang steht in g-Moll. Auch er hebt einleitend mit dem Holländer-Motiv an, das hier jedoch den Charakter des Seemannsrufes annimmt: «Johohoe! Johohoe! Hojohe!» Die Ballade als Ganzes umfaßt drei Strophen, wobei jede Strophe selbst wiederum eine Dreigliedrigkeit aufzeigt. Der erste Strophenteil, ein in Reimen gehaltener Vierzeiler (a,b,a,b) stellt das epische Element in den Vordergrund, das jeder Ballade eigen ist. In knappen Sätzen und eindringlicher Akzentuierung wird das Schicksal des düsteren Seemanns erzählt:

«Traft ihr das Schiff im Meere an,
Blutrot die Segel, schwarz der Mast?
Auf hohem Bord der bleiche Mann,
Des Schiffes Herr, wacht ohne Rast.»

Die Musik unterstreicht den erzählenden Wortcharakter dieses Strophenteiles insoferne, als sie sich auf eine viermalige, fast wörtliche Wiederholung einer melodischen Phrase bescheidet. Zwar ist dabei das harmonische Element durch die Tonika-Dominant- und Wechseldominantspannung* sehr intensiviert, melodisch jedoch herrscht durch die dreimalige Wiederholung der Grundphrase eine gewisse Statik, die dem Wortinhalt alle Aufmerksamkeit zukommen läßt.

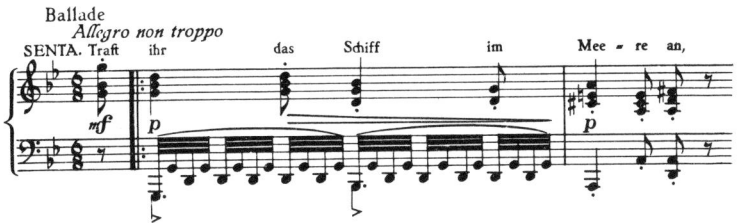

Der eher ungesangliche, am zweigestrichenem g beginnende, und den Sturz in die Tiefe einleitende Quartschritt des Balladen-Beginnes, ist nicht nur durch die Umkehrung der Holländer-Quart bemerkenswert. Wie das Holländer Thema selbst einen intensiven Bezug zum Beginn der Neunten Symphonie Beethovens aufweist, so auch die Melodik des ersten Strophenteiles der Ballade. Stimmt der nach abwärts sich entrollende g-Moll-Dreiklang in seinem Empfindungsgehalt und seiner Rhythmik doch ziemlich genau mit dem Vordersatz des Kopfthemas der «Neunten» überein:

---

* Wechseldominante: die zum Durdreiklang erhöhte zweite Stufe von g-Moll: a-cis-e.

Die Kontur dieses Themas ist «hart» und «eckig»; es zeichnet mit seinem Durchspringen des d-Moll-Dreiklanges und seiner scharfen Rhythmik eine Sturzgebärde, für die Wagner in seinen Erläuterungen zur «Neunten Symphonie» folgende Charakteristik gab:

«*Das große Hauptthema, das gleich anfangs wie aus einem unheimlich bergenden Schleier nackt und mächtig heraustritt, könnte dem Sinne der ganzen Tondichtung nicht durchaus unangemessen, vielleicht übersetzt werden durch Goethes Worte: ‹Entbehren sollst du, sollst entbehren!›*» *(4)*

Der Beginn der Ballade spricht ähnliches aus. In der Umkehrung des Holländer-Motivs ist die Sturzgebärde unüberhörbar akzentuiert, während «Entbehrung», als Folge des Sturzes, die ganze Stimmung der Ballade durchtönt.

Der zweite Strophenteil ist reimlos und macht sich zur Gänze zum Träger eines deklamatorisch-dramatischen Elementes. Sein Versmaß sind dreifüßige Trochäen, zum Unterschied der vierfüßigen Jamben des ersten Strophenabschnittes. Am Ende der ersten beiden Verszeilen steht der Seemannsruf:

«Hui! – Wie saust der Wind! – Johohe!
Hui! – Wie pfeift's im Tau! – Johohe!»

Während die Singstimme ihr «Johohe» erbarmungslos eine Oktave hinaufschleudert, sich die Harmonie zu verminderten Septakkorden zusammenpreßt, begleiten Celli und Bratschen den Gesang mit chromatischen Sturm-Passagen, die sich zunächst über eine verminderte Quinte erstrecken, sich dann aber über den ganzen Oktavraum ausweiten, wobei auch die Violinen in dieses Sturm- und Meeresgewoge eingreifen. Eine ähnliche Motivik – hier allerdings nur als Quinten-Ruf – erlebten wir in der Ouvertüre.

Geisterruf
Allegro con brio

«Hui! – Wie ein Pfeil fliegt er hin,
Ohne Ziel, ohne Rast, ohne Ruh'! – –»

Das letzte Verspaar vermeidet den Seemannsruf am Zeilenende; die
Verse gehen nahtlos ineinander über. Die Melodik sinkt dabei chromatisch vom beginnenden «d» eine Quarte tiefer ins «a» und erreicht
damit den Dominant-Dreiklang, der mit seinem Dur-Licht den dritten Abschnitt vorbereitet, in dem die Erlösung angesprochen wird.
Dieser zweite Strophenteil ist übrigens eine Wiederholung der Takte
fünf bis zehn des einleitenden Orchestervorspieles zur Ballade. Wir
sehen, wie stark die musikalische Substanz dieses Gesanges konzen-
triert ist.

Mit einem Langzeilenpaar, das den Reim wieder aufnimmt, setzt
der dritte Abschnitt ein:

«Doch kann dem bleichen Manne Erlösung einstens
noch werden,
Fänd' er ein Weib, das bis in den Tod getreu ihm auf
Erden! –»

Nach dem Dominant-Akkord: d-fis-a, der in eine mit einer Fermate
versehenen Generalpause hineinverklingt, beginnt der Gesang überraschend in B-Dur, der Parallele von g-Moll. Mild getragen von dem
weichen Klang der Holzbläser und Hörner, entfaltet sich der herrli-
che Atem dieses, über die ganze Langzeile sich erstreckenden Melos,
und spricht uns von der innigen Anteilnahme, die dieses Mädchen-
herz am Schicksal des Holländers nimmt.

Bei diesem wunderbaren Einklang von Wort und Musik, von dichterischem Inhalt und melodischer Gebärde, kann man zutiefst das Wesen von Wagners schöpferischer Kraft empfinden, wie er sie in einem Brief an Carl Gailland vom 30. Januar 1844 beschreibt:

«Es ist bei mir nicht der Fall, daß ich irgend einen beliebigen Stoff wähle, ihn in Verse bringe und dann darüber nachdenke, wie ich eine passende Musik dazu machen wolle? ... Die Art meiner Produktion ist anders: zunächst kann mich kein Stoff anziehen als ein solcher, der sich mir nicht nur in seiner dichterischen, sondern auch in seiner musikalischen Bedeutung gleich darstellt. Ehe ich daran gehe, einen Vers zu machen, ja eine Szene zu entwerfen, bin ich bereits von dem musikalischen Dufte meiner Schöpfung berauscht, ich habe alle Töne, alle charakteristischen Motive im Kopf, so daß, wenn dann die Verse fertig und die Szenen geordnet sind, für mich die eigentliche Oper ebenfalls schon fertig ist ...» (1)

Der Brief ist drei Jahre nach der Fertigstellung des «Holländers» geschrieben und legt Zeugnis ab, wie bereits in diesem Werk die Dichtung bei Wagner aus dem Geist der Musik erfließt und nicht «Wortdichtung» im eigentlichen Sinne ist.

Das Mitleid, das Senta empfindet, spricht sich in einem weiteren melodischen Gedanken aus, der jedoch seine Verwandtschaft zum Erlösungsthema nicht verleugnen kann.

> «Ach! Wann wirst du, bleicher Seemann, es finden?
> Betet zum Himmel, daß bald
> Ein Weib Treue ihm halt'!»

Der Beginn dieser neuen Melodik hebt das Erlösungsthema um eine Terz höher, auf die Quinte des B-Dur-Dreiklanges, um ihm dann in den ersten Tönen fast intervall-getreu zu folgen, während die Worte: «... zum Himmel, daß bald ein Weib...» die Quart- und Quintsprünge des Holländer-Themas implizieren.

Die zweite Strophe, deren inhaltliche Besprechung wir bereits vorweggenommen haben, zeigt in ihrem ersten und zweiten Abschnitt gleichen Bau, wie die erste.

> «Bei bösem Wind und Sturmes Wut
> Umsegeln wollt' er einst ein Kap;
> Er flucht' und schwur mit tollem Mut:
> ‹In Ewigkeit laß ich nicht ab!› –
> Hui! – Und Satan hört's. – Johohe!
> Hui! – Nahm ihn beim Wort! – Johohe!
> Hui! – Und verdammt zieht er nun
> Durch das Meer ohne Rast, ohne Ruh›! – –»

Der dritte Abschnitt birgt jedoch insoferne ein neues Element, als er nach dem Vorbild volkstümlicher Gepflogenheit nunmehr den Chor miteinbezieht. Aber mit welch feinem psychologischen Einfühlungsvermögen weiß Wagner diesem formalen Element, Vorsänger-Chor, gerecht zu werden. Die Herzen der Mädchen können bei Sentas so tief mitempfundenem Gesang nicht ungerührt bleiben:

> «Doch, daß der arme Mann noch Erlösung fände auf Erden,
> Zeigt Gottes Engel an, wie sein Heil ihm einst könne
> werden!»

Ergriffen stimmen sie mit ein in die Bitte um Erlösung, wenn vorerst ihr Gesang auch nur die harmonische Stütze abgibt und Sentas Melos noch nicht von ihm aufgegriffen wird.

> «Ach! könntest du, bleicher Seemann, es finden!
> Betet zum Himmel, daß bald
> Ein Weib Treue ihm halt' !»

Vielleicht offenbaren die weichen, innigen Harmonien der Erlö-sungs-Thematik ihre heilend-mildernden Kräfte nirgends so ergrei-fend wie an dieser Stelle, wo der eben noch so keck und unbeschwert stichelnde Mädchenschwarm, gebannt von dem Zauber der Sage, sich mit zur Fürbitterin macht.

Auch die dritte Strophe zeigt in den beiden ersten Teilen bezüglich der melodisch-harmonischen Struktur das gleiche Bild, wie die bei-den ersten.

> «Vor Anker alle sieben Jahr'
> Ein Weib zu frein, geht er ans Land: –»

Nur im Gefühlsausdruck des folgenden Verspaares geht eine Wand-lung vor sich, wenn Senta nunmehr in leiser Trauer – «poco piano» und einem stetigen Ritardando von der Vergeblichkeit jener Suche spricht:

> «Er freite alle sieben Jahr'
> Noch nie ein treues Weib er fand. –»

Der folgende, vehement einsetzende Mittelteil:

> «Hui! – ‹Die Segel auf!› – Johohe!
> Hui! – ‹Den Anker los!› – Johohe!
> Hui! – ‹Falsche Lieb', falsche Treu' !
> Auf in See, ohne Rast, ohne Ruh'!› – –»,

er könnte uns die Brücke schlagen lassen zur Kundry-Gestalt im letzten Werk Wagners, zum «Parsifal». Auch sie sucht ja den Blick des Erlösers *«von Welt zu Welt»*, und auch sie sieht sich immer getäuscht, wenn sie *«sein Auge schon nah' wähnte»*:

> *«Da kehrt mir das verfluchte Lachen wieder*
> *Ein Sünder sinkt mir in die Arme!»*

Wie ein «verfluchtes Lachen» nehmen sich jetzt auch die in wilder Chromatik aufheulenden Passagen der begleitenden Orchesterfigurationen aus. Senta, von Mitleid überwältigt, sinkt kraftlos in den Stuhl zurück. Und auch die Mädchen können sich ihres Mitgefühls nicht mehr erwehren. Tief bewegt greifen sie jetzt das Melos des Erlösungsthemas auf, und setzen fort, da Senta verstummt:

«Ach! Wo weilt sie, die dir Gottes Engel einst könne zeigen?
Wo triffst du sie, die bis in den Tod dein bliebe treueigen? »

Und da geschieht das Unfaßbare; vom Blitzstrahl eines Augenblicks getroffen, weiß Senta, daß ihr namenloses Mitleid, die bange Frage der Mädchen, nicht dem Phantom einer Sage gelten, sondern der Wirklichkeit. Der «bleiche Seemann» – er i s t ! Und von übermächtigem Drang ergriffen, bricht ihre Mission mit elementarer Gewalt in ihr Bewußtsein; in flammender Ekstase erkennt sie sich als die Auserwählte:

«Ich sei's, die dich durch ihre Treu' erlöse!
Mög Gottes Engel mich dir zeigen!
Durch mich sollst du das Heil erreichen!»

Der Überschwang, die verzehrende Gewalt dieses Gesanges ist uns als «Motiv der Liebestreue» aus dem Vivace-Teil der Ouvertüre bereits vertraut.

Motiv der Liebestreue
Molto animato

Völlig außer sich, der Wirklichkeit entrückt und doch mit glühender Inbrunst von der Realität des Gesprochenen überzeugt, schwingt

sich das klagende Melos der Erlösungs-Thematik in diesem enthusia-
stischen Ausbruch zu einem heroisch-jauchzenden Jubelgesang auf,
der uns durch seine fieberhafte Intensität ganz eindringlich mit der
Frage nach dem Wesen der Senta-Gestalt konfrontiert.

Diese Frage ist für viele Interpretationen zum Kernpunkt der szenischen Darstellung des Holländer-Dramas geworden. Wie ist Sentas
Leidenschaft und ihr Wille, die erlösende Tat zu vollbringen, überhaupt zu verstehen? Sind sie der Beweis einer krankhaften Sentimentalität, eines zur Hysterie verdichteten, verdrängten erotischen Kom-
plexes, oder haben wir in ihr gar ein schizoides Phänomen zu erblik-
ken? Die Deutungswut moderner Regiekonzepte kreist fast ausschließlich um diese Frage, wobei jene Deutung, die einzig und allein
Grundlage der Interpretation sein müßte, nämlich die von Wagner
selbst gegebene, aus Unwissenheit, oder vielleicht auch geflissentlich
übergangen wird. Wagner äußert sich zu dieser Problematik sehr klar
und eindeutig:

«*Die Rolle der Senta wird schwer zu verfehlen sein: nur vor Einem
habe ich zu warnen: möge das träumerische Wesen nicht im
Sinne einer modernen, krankhaften Sentimentalität aufgefaßt werden! Im Gegenteile ist Senta ein ganz kerniges nordisches Mädchen,
und selbst in ihrer anscheinenden Sentimentalität ist sie durchaus
naiv. Gerade nur bei einem ganz naiven Mädchen konnten, umgeben von der ganzen Eigentümlichkeit der nordischen Natur, Eindrücke, wie die der Ballade vom ‹fliegenden Holländer› und des Bildes des bleichen Seemannes, einen so wunderstarken Hang, wie den
Trieb zur Erlösung des Verdammten, hervorbringen: dieser äußert
sich bei ihr als ein kräftiger Wahnsinn, wie er wirklich nur ganz
naiven Naturen zu eigen sein kann. Es ist beobachtet worden, wie
norwegische Mädchen mit so starker Gewalt empfanden, daß der Tod
durch plötzliche Erstarrung des Herzens bei ihnen vorkam. So ungefähr möge es sich auch mit dem scheinbar ‹Krankhaften› bei der bleichen Senta verhalten.*» (5)

Wie müßte einem bei dieser Darstellung, ja eigentlich nicht erst
jetzt, sondern schon von Anbeginn, doch der Gedanke an die Welt
Henrik Ibsens erstehen. Die Schilderung des tobenden Meeres, die

unwegsamen Küsten, die gefahr-gewohnten Schiffer, all das malte uns Konturen, die uns aus der Welt des großen nordischen Dramatikers durchaus vertraut sind. Ja selbst die Gestalt des Holländers findet sich mit einigen Zügen in dem seltsam unwirklichen «fremden Mann» aus «Die Frau vom Meer» wieder; gleich dem Holländer, ist auch er dem Meereselement vertraut, löst Entsetzen aus, da er erscheint und entschwindet auf Jahre den Blicken. Am eindringlichsten aber kann uns Senta an Ibsens Frauengestalten gemahnen:

«Der seltsame Bund von Heroismus und einem Glauben an das Wunderbare, ein tiefes Ahnen, das die mystischen Wunder einer starken, hellsichtigen Frauenseele vorbereitet, für die es kein Gesetz gibt außer der Sehnsucht und der Liebe, eine ungeheure psychische Kraft, die das Schwerste auf sich nimmt: das alles trägt in das Senta-Bild Farben hinein, die an den Frauen der modernen nordischen Psychodramatiker, zumal an den Frauen Ibsens wiederkehren.» (6)

Dies soll allerdings die «Originalität» der schöpferischen Gestaltungskraft Wagners in keiner Weise schmälern. Die Gestalt der Senta ist in der Opernliteratur vollständig neu, *«nie vorher gesehen und gekannt».* (6) Der Gedanke an Ibsen kann uns nur abermals bezeugen, wie ursprünglich und wahr Wagner die Psyche dieser nordischen Welt darzustellen wußte.

In seiner Charakterisierung Sentas gebraucht Wagner allerdings ein Wort, das geeignet sein könnte, diese Klarheit doch wieder etwas zu trüben, und für unser heutiges, so stark an der Psychoanalyse orientiertes Denken, Mißverständnisse heraufzubeschwören. Wagner spricht von einem *»kräftigen Wahnsinn«,* der Senta erfülle. Es ist daher zu klären, was Wagner unter diesem Begriff versteht. Da er wenige Sätze vorher Senta als *«ganz kerniges nordisches Mädchen»* bezeichnet, das man nicht in Verbindung bringen dürfe mit den Vorstellungen einer *«modernen krankhaften Sentimentalität»,* scheidet jede Deutung des Begriffs Wahnsinn in Richtung Irresein, Schizophrenie und dgl. von vornherein aus. Wir sind daher der Meinung, daß Wagner diesen Begriff hier in derselben Sicht gebraucht, wie er ihn später in seinem Aufsatz «Über Staat und Religion» gesehen hat.

Die Bedeutung, die wir heute dem Begriff «Wahnsinn» meistens geben, leitet sich vom gotischen «wans» = leer, fehlend, her und lebt auch im lateinischen «vanus» oder «vanitas» und bedeutet «fehlendes Wissen», «mangelnder Sinn». An Wissen aber fehlt es Senta keineswegs. Im Gegenteil! Ihr «Wahn» umgreift einen viel umfangreicheren Bewußtseinshorizont, als ihn die Mädchen besitzen. Die Qualität ihres «kräftigen Wahnsinns» geht auf das gotische «wens» zurück, auf das althochdeutsche «wan», und bedeutet: « Erwartung», «Hoffnung». (7) Und ist Sentas Seele am Ende der Ballade nicht ganz jubelnde Hoffnung und Erwartung? Wahnvermögen in dieser Sicht bedeutete für Wagner etwas Imponderables, eine «der gemeinen Erkenntnis ganz entgegengesetzte Anschauungsweise». (8) Ein Wahrnehmungsvermögen also, an welches das alltägliche Verstandesdenken nicht heranreicht. Solche «wahnverklärte Vorstellungen» aber sind nur «demjenigen zu eigen, der freiwilliges Entsagen und Leiden wirklich ausübt.» (8)

In schönster Weise trifft jedes dieser Worte auf Senta und ihre Opferbereitschaft zu. Es sei mir gestattet, in diesem Zusammenhang auf mein Buch «Vom Ring zum Gral» zu verweisen, in dem sich im Zusammenhang mit dem «Wahnmonolog» aus den «Meistersingern von Nürnberg», eine ausführlichere Darstellung von Wagners Auffassung über das «Wahnvermögen» findet (9)

Dem «Wahn-Begabten», so lesen wir bei Wagner weiter, offenbart sich «das Leben und die Welt selbst in ihrer wirklichen, schrecklich ernsten Bedeutung» (8) und dies läßt ihn die Nichtigkeiten des Alltäglichen erkennen und überwinden. Auch dies trifft für Senta zu. Von der «wirklichen, schrecklich ernsten Bedeutung» der Welt ergriffen, wird ihr der «Mythos» vom Holländer in diesem Augenblick zur Wirklichkeit des «leidenden Menschen», und als eine der «Nichtigkeiten des Alltäglichen» muß sie ihre «Verliebtheit» zu Erik erkennen, den die Mädchen in ihrer Angst über Sentas Entrücktheit zu Hilfe rufen.

Gerade dieser schrittweise Erkenntnisprozeß des Erwachens ihrer Mission, den Wagner durch die drei Strophen der Ballade folgerichtig durchführt, zeigt uns, daß wir es nicht mit einem pathologischen Geschehen zu tun haben. Senta ist keineswegs von irgendwelchen

Wahnvorstellungen, unterbewußten Komplexen oder schizoiden Elementen bedrängt. Was sie durch ihr tiefempfundenes Versenken in den Mythos vielmehr erlebt, ist jenes Gewahren von *«verborgenen Zusammenhängen»* der Welt, das Wagner als die Frucht der mit dem Mythos sich verbindenden Bewußtseinskraft bezeichnet hat:

«Im Mythos wird der Geist sofort in denjenigen träumerischen Zustand versetzt, in welchem er bald bis zu dem völligen Hellsehen gelangen soll, wo er dann einen neuen Zusammenhang der Phänomene der Welt gewahrt, und zwar einen solchen, den er mit dem Auge des gewöhnlichen Wachens nicht gewahren konnte . . .» (2)

Es ist das Los des «leidenden Menschen», das sich in diesen *«neuen Zusammenhängen der Phänomene der Welt»* für sie offenbart und durch die kindhaft-unschuldsvolle Mitleidekraft, deren ihr Herz fähig ist, erkennt sie die hohe Bestimmung ihrer weiblichen Wesensnatur: irdisch-menschliche Trägerin jenes erlösenden, ideellen Impulses zu sein, den Goethe mit dem *«Ewig-Weiblichen»* verbunden hat. Wie tragisch, daß unser heutiger Intellekt dazu neigt, in dieser dichterischen Wirklichkeit bloß die Wahnvorstellungen einer schizophrenen Psychopathin zu sehen.

Aber auch die Schar der Mädchen kann Sentas enthusiastische Entrückung nicht begreifen. Sie wenden sich an Erik, den Jäger, der eben die Stube betritt und Zeuge von Sentas Begeisterungs-Ausbruch wurde: «Helft, Erik uns! Sie ist von Sinnen!»

Von all dem aber hat Senta nichts wahrgenommen, so sehr war sie in eine andere Wirklichkeit versetzt. Erst Eriks Worte: «Der Vater kommt», rufen sie aus ihrer «Wahr-Träumerei» zurück in die Sinneswirklichkeit.

Die Freudenbotschaft, daß Dalands Schiff heimgekehrt sei und jede ihren «Schatz» nun bald wird begrüßen dürfen, setzt der andächtig mitleidsamen Stimmung ein jähes Ende. Jetzt beginnt es zu plappern und zu schnattern, ein durcheinander wirbelnder Freudentaumel hebt an, der jeder komischen Oper Ehre machen würde. Umsonst, daß Frau Mary in einer einfältig dahinhämmernden Sekund-Motivik die Mädchen an ihre Pflichten gemahnt:

«Nun seht, zu was eu'r Treiben frommt!
Im Hause ist noch nichts getan.»

Verlorene Müh', wenn ihr ostinates Sekund-Gekeife, die aufgeschreckte Schar im Hause zurückhalten will:

«Halt, halt! Ihr bleibet fein im Haus!
Das Schiffsvolk kommt mit leerem Magen;
In Küch' und Keller! Säumet nicht!
Laßt euch nur von der Neugier plagen –
Vor allem geht an eure Pflicht!»

Aber die freudig durcheinander-quirlende Schar ist nicht länger zu
halten. Das ursprüngliche A-Dur ihrer Freuden-Äußerung:

«Ach! Wie viel hab' ich ihn zu fragen!
Ich halte mich vor Neugier nicht. –
Schon gut! Sobald nur aufgetragen,
Hält hier uns länger keine Pflicht.» –,

geht im Zuge dieses Tumultes verloren, klettert über diverse Zwi-
schenharmonien zur Dominant-Tonart E-Dur hinauf, bis schließlich
durch eine mit unerbittlicher Strenge aufwärtsteigende, Frau Marys
Worte begleitende chromatische Leiter, die Ordnung wieder herge-
stellt und das abhanden gekommene A-Dur zurückgewonnen wird.
«Mary hat die Mädchen hinausgetrieben und folgt ihnen nach». Nur
Senta und Erik bleiben zurück.

Zweite Szene

Anknüpfend an das voll Ungeduld drängende Hauptmotiv des Mädchenchores, wandelt sich die Melodik zur warmen, innigen Bitte Eriks:

> «Bleib', Senta! Bleib' nur einen Augenblick!
> Aus meinen Qualen reiße mich! Doch willst du,
> Ach, so verdirb mich ganz!»

Zunächst nur von diesem dreitönigen aufsteigenden Terzenmotiv begleitet, verdichtet sich der Wechselgesang bei Eriks inbrünstigem Flehen: «Mein Herz, voll Treue bis zum Sterben», zur ariosen Liedform.

Von überströmender Empfindung erfüllt, soll dieser Gesang doch nicht in ein weichliches Flehen ausarten. Erik ist *«kein sentimentaler Winsler»* (5). Im Gegenteil! Nach Wagners Vorstellung besitzt er ein *«stürmisches, heftiges und düsteres»* Gemüt, *«wie der Einsame (namentlich der nordischen Hochlande»*). (5) Eriks Liebe zu Senta ist echt und ehrlich, voll Leidenschaft, aber auch reich an Zweifel und Schmerzen. Voll Zweifel, da ihn Sentas rätselvolles Verhalten ängstigt, an Schmerzen der Hoffnungslosigkeit reich, weil er sich selbst eingestehen muß, daß der nach irdischen Schätzen so sehr erpichte Vater, niemals in eine Verbindung seines Kindes mit dem armen Jäger einwilligen werde.

> «Mein Herz, voll Treue bis zum Sterben,
> Mein dürftig Gut, mein Jägerglück: –
> Darf so um deine Hand ich werben?
> Stößt mich dein Vater nicht zurück?»

Der zarte Lyrismus von Eriks Gesang, vom Wohlklang eines weichen B-Dur getragen, erhebt sich bei dieser bangen Frage zum Dominant-Akkord der Mollparallele: d-fis-a. Hoffen und Zweifel sprechen sich darin aus, da er als Dur-Akkord seine Lichtfülle nicht verleugnet, andererseits als Dominante von g-Moll, die hinter ihm stehenden, eindunkelnden Moll-Schleier ahnen läßt. Tatsächlich wird der zweite Teil von Eriks Gesang durch eine trübende Chromatik geprägt, die die anfängliche Klarheit von B-Dur in immer weitere Ferne rückt.

> «Wenn dann mein Herz in Jammer bricht, –
> Sag', Senta, wer dann für mich spricht? –»

Und aus «weiter Ferne» kommt ihm auch Sentas Entgegnung:

> «Ach, schweige, Erik, jetzt! Lass' mich hinaus.
> Den Vater zu begrüßen!
> Wenn nicht, wie sonst, an Bord die Tochter kommt,
> Wird er nicht zürnen müssen?»

Sentas Antwort steht in Ges-Dur, eine Harmonie, die nicht nur für Eriks B-Dur eine «fremde» und «ferne» Tonart bedeutet, sondern auch von dem Befremden spricht, das ihn bei Sentas Vorwand überkommen muß.

«Du willst mich fliehn? . . .
Du weichst mir aus!»

Völlig fremd aber muß seinem sinnesnahen Lieben der Ort sein, an dem Senta steht, da sie diesen Vorwand ausspricht. Denn Ges-Dur ist, gleich Fis-Dur, der «Schwellenpunkt» des Quintenkreises. Und der subdominantische Be-Tonartenbereich kündet von einer jenseitigen Welt, zu der Erik sich wohl kaum wird erheben können. Noch einmal versucht er Sentas Mitleid für seinen Liebesschmerz zu erwecken:

«Fliehst du zurück vor dieser Wunde,
Die du mir schlugst im Liebeswahn?
O, höre mich zu dieser Stunde!
Hör' meine letzte Frage an: –»

Doch der Versuch, in das anfängliche B-Dur zurückzufinden gelingt ihm nicht. Auch diese «letzte Frage» beschwört mit ihrem Dominant-Akkord der Parallele die dunklen Schleier von g-Moll herauf, und in ängstlichem Bangen quält sich diese letzte Frage durch eine immer düsterer werdende Chromatik:

«Wenn dieses Herz in Jammer bricht,
Wird's Senta sein, die für mich spricht?»

Senta hatte in ihrer Entgegnung nicht nur die Harmonie von Eriks Gesang vermieden, sie distanzierte sich auch von der kantablen Linie seiner Melodik. Jetzt, erneut in ihrem erdenfernen Ges-Dur stehend, gleicht sie ihr Melos an Eriks Kantilene mitleidig an, wohl um den Verstörten ein wenig zu beruhigen:

«Wie? Zweifelst du an meinem Herzen?
Du zweifelst, ob ich gut dir bin? –
Doch sag', was weckt dir solche Schmerzen?
Was trübt mit Argwohn deinen Sinn?»

Das Duett vermittelt uns den ersten Einblick in das Verhältnis, in dem die beiden zueinander stehen. Das ist für alles kommende Geschehen von Wichtigkeit. Allem Anschein nach hat Senta ein bindendes Versprechen an Erik nie gegeben. Trotzdem hatte sie offenbar Zeichen gesetzt, die ihn auf eine Neigung ihrerseits hoffen ließen. Daß Senta ihm «gut» ist, das soll wohl auch mit aller Deutlichkeit zum Ausdruck kommen. Denn Senta ist eben ein *«ganz kerniges nordisches Mädchen» (5)*, in dem das Blut zweifellos auch seine Sprache spricht. Es ist der reine, unschuldsvolle Instinkt der Natur, der sie, ohne sich darüber besonders Rechenschaft zu geben, dem schmucken Jäger geneigt sein läßt. Senta lügt nicht, wenn sie ihn fragt, warum er zweifle, denn über diese, aus ihren gesunden Sinnen aufblühende Neigung ist sie sich selbst noch gar nicht voll bewußt. Und ihr doch sehr allgemein gehaltenes Bekenntnis zu dieser Neigung, gibt dem Unglücklichen Mut, die Entscheidung endlich herbeizuführen und volle Gewißheit von ihr zu erhalten.

Erik: «Dein Vater, ach! – nach Schätzen geizt er nur ...
Und Senta, du? Wie dürft' auf dich ich zählen?
Erfüllest du nur e i n e meiner Bitten?
Kränkst du mein Herz nicht jeden Tag?
Senta: Dein Herz?
Erik: Was soll ich denken? – Jenes Bild ...
Senta: Das Bild?
Erik: Läss't du von deiner Schwärmerei wohl ab?»

Der musikalische Ausdruck dieses Wechselgesanges erhält ein völlig anderes Gepräge in dem Augenblick, da die Gestalt des Holländers – wenn auch nur im «Bilde» – zwischen die beiden tritt. Unruhige Tremoli, emporschnellende chromatische Tonfolgen akzentuieren die

Angst des Fragenden. Einzigartig aber ist es, wenn diese aufgeregten Begleitfiguren des Orchesters bei Sentas Worten: «Kann meinem Blick Teilnahme ich verwehren?», plötzlich innere Ruhe und Festigkeit ausstrahlen, so, als ob sich Senta bei Erwähnung des Bildes der Unterschiedlichkeit ihrer Gefühle mehr und mehr bewußt würde. Sprechend dafür auch die Liebes-Harmonie E-Dur, die ihre Frage umhüllt und uns ahnen läßt, wie diese «Teilnahme» in ihrer Seele das Wissen um ein viel höheres Liebesempfinden stärkt, als es die mädchenhafte Neigung zu Erik darstellt. Und Erik selbst trägt mit seinen bohrenden Fragen dazu bei, daß sie sich darüber immer mehr Klarheit erringt.

«Und die Ballade? – Heut noch sangst du sie!»

Wieder der ruhig sich wölbende Melos-Bogen in Flöten und Klarinetten bei ihren Worten:

«Ich bin ein Kind, und weiß nicht, was ich singe...
O sag', wie? Fürchtest du ein Lied, ein Bild?»

Jetzt ist die Figuration auf die Dominante von c-Moll gestellt, als würde sich in diese aufdämmernde Klarheit auch ein wehmütiges Ahnen mischen, daß es Abschied zu nehmen gilt von diesem Kind-Sein. Es handelt sich übrigens bei dieser aufsteigenden und wieder absinkenden Motivik um dieselbe mitleidvoll bewegte Figuration, die im ersten Akt Dalands Worte begleitete: «Mich rührt dein Los, freigebig wie du bist...» Auch Senta spricht ja von Mitleid, wobei die melodische Linie jener Begleitfigur zu einer Folge unregelmäßiger Intervallschritte zerflattert: «Soll mich des Ärmsten Schreckenslos nicht rühren?»

Erik fühlt nur zu deutlich die Scheidewand, die sich unaussprechlich und hemmend zwischen seiner Liebe und Sentas Herz aufgerichtet hat. Ein angstvolles, sich eng an die Singstimme schmiegendes Tremolo (colla parte), durchbebt sein Fragen: «M e i n Leiden, Senta, rührt es dich nicht mehr?» Die Frage, die in ihrem Erzittern die verneinende Antwort schon im voraus fühlt, macht Senta die Unterschiedlichkeit ihrer Empfindungen, den leisen Zwiespalt nur noch deutlicher, in den sie sich durch ihre Neigung zu Erik und das mächtig aufwallende Mitleid für den unbekannten Seemann gestellt sieht.

> «O, prahle nicht! Was kann d e i n Leiden sein?
> Kennst jenes Unglücksel'gen Schicksal du?»

Muß sich Eriks Klagen nicht als eitle Belanglosigkeit enthüllen, gemessen an der Tragik, mit der das Schicksal dieses «Unglückseligen» zu ihr spricht? Und zeigt ihr nicht gleichzeitig diese Anmahnung, die eine höchste, zur Selbstaufopferung bereite Liebe fordert, die kindliche Verspieltheit auf, die ihre Neigung zu Erik in Wahrheit darstellt? Erik glaubt diese rätselvolle, unheimliche Kraft zu kennen, die ihm Senta um so mehr entzieht, desto heftiger er um ihre Liebe klagt. Kein Zweifel ist möglich, da sie ihn jetzt dicht an das Bild heranführt und kein Hehl daraus macht, wie stark der zauberhafte Widerschein dieses Bildes in ihre Seele dringt. Über einem geheimnisvollen Streichertremolo stimmt die Oboe ein klagend-schmerzliches Melos an, das dann von Sentas Gesang aufgegriffen wird:

> «Fühlst du den Schmerz, den tiefen Gram,
> Mit dem herab auf mich er sieht?»

«Molto espressivo», mit hoffnungsleerer Melancholie klagen die Terzen, und lassen uns fühlen, wie Sentas Seele ganz erfüllt wird von diesem Leid. In ihrem Herzen hat kein anderes Empfinden mehr Raum:

«Ach, was die Ruhe für ewig ihm nahm,
Wie schneidend Weh durchs Herz mir zieht!»

Aber auch in Eriks Seele dringt der Widerschein dieses bleichen Phantoms und weckt in ihm die Erinnerung an einen unheilvollen Traum:

«Weh mir! Es mahnt mich mein unsel'ger Traum!
Gott schütze dich! Satan hat dich umgarnt!»

Die hämmernde Folge eines mit hämischen Sekund-Vorschlägen versehenen Dominant-Septakkordes entfesselt in stärkstem Fortissimo ein höhnisches Gelächter. Aber das auf Sentas Frage – «Was erschreckt dich so?» – erwartete c-Moll tritt nicht ein. Nach dem erdrückenden Schweigen einer Generalpause, erklingt die b-Moll-Terz und aus ihrer mystischen Tiefe entfaltet sich Eriks Traum. Diese Traumerzählung gehört gewiß zu den packendsten Szenen des Werkes, sowohl dichterisch wie musikalisch. Unbeschreiblich das Instrumentalkolorit, wenn sich im magischen Hörnerklang unfaßbare Fernen auftun und in einem unwirklich anmutenden Tremolo der Bratschen, in der geisterhaft auf- und absteigenden Motivik der Fagotte und Celli, der *tiefe dämonische Ton des Elementes»* hörbar wird, *«die klagende Schwermut der endlosen Fläche, die bange Trauer, die Seufzer der Meeresöde, das gespenstische Säuseln und die Atemzüge des ersterbenden Windes.» (6)*

«Auf hohem Felsen lag ich träumend,
Sah unter mir des Meeres Flut;
Die Brandung hört' ich, wie sie schäumend
Am Ufer brach der Wogen Wut; ...»

Alles ist ins Unwirklich-Traumhafte gehoben und bedeutet doch vorausgeahnte Wirklichkeit. So stark ist die Suggestionskraft dieses Traumes, daß Senta bei Eriks Erzählung «wie in magnetischen Schlaf» versinkt, in dem sie hellseherisch als Realität erlebt, was für Erik unheimliche Erinnerung an einen erdrückenden Alp bedeutet.

Musikalisch ist die Erzählung ganz auf das Holländer-Motiv aufgebaut, das unter dem fahlen Geflimmer des Streicher-Tremolos immer wieder, nebelhaft-verschwommen, aufklingt.

> «Ein fremdes Schiff am nahen Strande
> Erblickt' ich, seltsam, wunderbar; –
> Zwei Männer nahten sich dem Lande,
> Der ein', ich sah's, dein Vater war.»

«Mit geschlossenen Augen», aber in atemberaubender Spannung, unterbricht ihn Senta: «Der andre? » Ihre ahnungsvolle Ungeduld macht die Erzählung immer mehr zu einem Dialog.

Erik: «Wohl erkannt' ich ihn;
        Mit schwarzem Wams, die bleiche Mien' . . .
Senta: Der düstre Blick . . .
Erik: Der Seemann, er.

Senta: Und ich?

Erik: Du kamst vom Hause her, –

         Du flogst, den Vater zu begrüßen; ...»

Ein jagendes Accelerando eilt dem, auf einen klaren F-Dur-Akkord aufleuchtenden Holländer-Motiv entgegen.

> «Doch kaum noch sah ich an dich langen,
> Du stürztest zu des Fremden Füßen,
> Ich sah dich seine Knie umfangen...»

Senta weiß, wie das Traumbild sich weiter entfalten muß:

> «Er hub mich auf...»

Dem Verschmähten ist bereits alle Kraft geschwunden; kein Staunen mehr und Verwundern über Sentas Vorauswissen. Seiner selbst kaum mehr mächtig, wird er von dem immer mehr zur Wirklichkeit werdenden Traumbild mitgerissen:

> «An seine Brust; –
> Voll Inbrunst hingst du dich an ihn, –
> Du küßtest ihn mit heißer Lust –»

Senta, voll Ungeduld das Erahnte bestätigt zu hören: «Und dann?» Mit «unheimlicher Verwunderung» blickt Erik auf die Entrückte. In einem traurigen Seufzer der Fagotte, auf einem gehauchten Ges-Dur-Klang, verhallt das Wort: «Sah ich aufs Meer euch fliehn.» Totenstille! Dann ein jäh einsetzender chromatischer Sextolenlauf eines unaufhaltsamen «Allegro con fuoco»; Senta jubelt «in höchster Verzückung» dem Augenblick entgegen, in dem sich Traumbild und Wirklichkeit in eins verweben werden:

> «Er sucht mich auf! Ich muß ihn sehn!
> Mit ihm muß ich zugrunde gehn!»

Im hell aufflammenden C-Dur der Streicher und Bläser erstrahlt in hymnischem Glanz das Erlösungs-Thema. Verzweifelt und entsetzt stürzt Erik fort; auch er ist sich bewußt, daß sein Traumbild einen Wahrtraum darstellte und weiß, daß sein Flehen die Geliebte nicht mehr in seine Welt zu ziehen vermag.

«Sie ist dahin! mein Traum sprach wahr!»

Senta ist allein zurückgeblieben. «Nach dem Ausbruche ihrer Begeisterung» verfällt sie erneut in «stummes Sinnen». Ihr Blick ist auf «das Bild geheftet». Es ist der spannungsgeladenste Augenblick des Dramas. Im Orchester ertönt in Klarinetten und Hörnern leise das Holländer-Thema. In tiefer Ergriffenheit wiederholt sie leise den Erlösungswunsch der Ballade:

«Ach! möchtes du, bleicher Seemann, sie finden!
Betet zum Himmel, daß bald
Ein Weib Treue ihm ...»

Ein Aufschrei! Der Schlußton des Gesanges schnellt in die hohe Oktav; statt des erwarteten g-Moll erklingt abgerissen im Fortissimo der verminderte Quintsextakkord e-g-b-cis; die Türe hat sich geöffnet und zeigt in ihrem Rahmen den mit so unsäglichem Mitgefühl Erwarteten.

«Ganz dem Bilde ähnlich scheint er eines jener Portraits großer Meister, die von hoher Wand herniederblickend in verwittertem Goldrahmen stolz und schweigend die Jahrhunderte vorübergehen sehen, ohne daß diese ihr Antlitz mit einer Falte vermehren oder ihr Kleid mit einem Atome von Staub belegen können.» (10)

Die «Imagination» ist «Wirklichkeit» geworden; und der Gleichklang des Bildes mit der Erscheinung des Holländers bezeugt einmal mehr die konservierte Unverändertheit seiner Gestalt im Wechsellauf des Zeitenstromes.

Dritte Szene

Ernst und feierlich steht er vor ihr, der ihr reines, unschuldvolles Herz zu solch gewaltigem Mitleid entzünden konnte. Er selbst aber hat alle seine *«leidenschaftlichen Empfindungen mit straffer Spannung in sein Inneres zurückgedrängt»* *(5)*. Regungslos verharrt er während der langen Dauer der Fermate unter der Türe, und erst *«mit dem Eintritte des Paukensolos schreitet er langsam nach dem Vordergrund».* *(5)* Das leise, abgehackte Pochen der Pauke malt uns ein tönendes Bild der Beklommenheit der Herzen, angesichts dieses plötzlichen Offenbarwerdens eines bis jetzt verborgenen Mysteriums.

Aber auch Daland ist mit eingetreten. Eine im ungeduldigen Accelerando drängende Terzen-Melodik unterbricht die Paukenschläge und begleitet Dalands Gebärde, der voll Verwunderung über das Ausbleiben der Begrüßung, mit offenen Armen auf Sentas Entgegenkommen harrt.

Motiv des zärtlichen Erwartens
Moderato

Allein er wartet vergeblich. Wie des Holländers Auge unverwandt auf Senta gerichtet ist, so wendet auch sie keinen Blick von ihm. Stockend pocht erneut der Paukenschlag. Verwundert und enttäuscht läßt Daland die Arme sinken und schreitet kopfschüttelnd nun selbst auf Senta zu:

«Mein Kind, du siehst mich auf der Schwelle ...
Wie? Kein Umarmen? Keinen Kuß?
Du bleibst gebannt an deiner Stelle: –
Verdien' ich, Senta, solchen Gruß?»

Nur ein förmlicher Gruß ist Sentas Antwort, mit dem sie sofort die
Frage verknüpft: «Mein Vater, sprich! Wer ist der Fremde?»

In dem nun folgenden, nach Stil und Form als Arie zu wertenden
Gesang Dalands, versteht er es in seiner *«einfältigen Schlauheit»*
(Liszt), die Vorstellung als Gelegenheit zu benutzen, um ohne viel
Umschweife, wenn auch mit konventionellen Wendungen, auf sein,
ihn so sehr bewegendes Anliegen zuzusteuern:

«Mögst du, mein Kind, den fremden Mann willkommen
heißen;
Seemann ist er, gleich mir, das Gastrecht spricht er an.
Lang' ohne Heimat, stets auf fernen, weiten Reisen,
In fremden Landen er der Schätze viel gewann.»

Gewiß, das Melos seines Gesanges plätschert liebenswürdig an der Oberfläche eines D-Dur dahin, das von der sieghaften Kraft, dem strahlenden Glanz, welche dieser Harmonie in Wahrheit innewohnen, kaum etwas ahnt. Und doch, welch erleichternder Kontrast zur unergründlichen Tiefe dessen, was sich in den Seelen der beiden stumm sich Gegenüberstehenden vollzieht. Der Zuhörer, dem es beinahe den Atem stocken ließ, vermag sich wiederzufinden. Daland freilich weiß nichts von der Größe dieses Augenblicks, nichts von dem Unaussprechlichen, das den Raum erfüllt. In seiner prosaisch-praktischen Art, hält er mit seinem Wunsche nicht lange hinterm Berg, nachdem er in dem kurzen Mittelteil der Arie dem Fremden die Vorzüge seiner Tochter mit gleichem Eifer gepriesen hatte, wie er es ihr gegenüber mit des Gastes Reichtum tat. Der Reprisenteil läßt Senta dann nicht länger über den Wunsch des Vaters im Zweifel:

«Mögst du, mein Kind, dem Manne freundlich dich erweisen!
Von deinem Herzen auch spricht holde Gab' er an;
Reich ihm die Hand, denn Bräutigam sollst du ihn heißen;
Stimmst du dem Vater bei, ist morgen er dein Mann.»

Bei diesen Worten macht Senta «eine zuckende, schmerzliche Bewegung». Es mag ein letztes Abschiednehmen von jeglichem irdischen Glücksverlangen bedeuten. Für Daland ist dies alles unfaßbar. Überzeugt, daß es nichts Erstrebenswerteres gibt als irdischen Reichtum, glaubt er auch Sentas Verlangen mit Gold und Perlen danach wecken zu können:

«Sieh dieses Band, sieh diese Spangen!
Was er besitzt, macht dies gering.
Muß, teures Kind, dich's nicht verlangen?
Dein ist es, wechselst du den Ring.»

Als jedoch nach diesem, mit soviel Vehemenz vorgetragenem Erguß, wieder nur der pochende Paukenrhythmus antwortet, und weder

Senta noch der Holländer ihn weiter beachten, ahnt er wohl das Störende seiner Gegenwart und beschließt, die beiden allein zu lassen.

«Doch keines spricht... Sollt' ich hier lästig sein?
So ist's! Am besten lass' ich sie allein.»

Nachdem er Senta noch einmal auf die Einzigartigkeit ihres Glückes verwiesen, dem Gast ihre Treue versichert hat, zieht er sich sachte zurück, nicht ohne in «neugieriger Erwartung» an der Tür innezuhalten, «ob sie sich einander nähern werden». Endlich geht er «in verdrießlicher Verwunderung» kopfschüttelnd ab.

Bewegungslos, in ihren gegenseitigen Anblick versunken, stehen die beiden. Die Unmittelbarkeit dieses Gegenüberstehens spiegelt sich im Orchester wider: in einem dunkel-verhaltenen h-Moll intoniert das Horn das Holländer-Motiv, im zartesten Pianissimo der ersten Violine antwortet in D-Dur das Erlösungs-Thema. Wir sehen uns an den «Kulminationspunkt» des Werkes herangeführt, an den großen Zwiegesang zwischen Holländer und Senta. Franz Liszt bemerkt dazu:

«Wir sind hier zum leidenschaftlichsten, erhabensten Momente des ganzen Werkes gelangt... Leise reden beide zu sich selbst in dem Gefühle ängstlicher Überraschung, das sie bei der plötzlichen, unerwarteten und unglaublichen Verwirklichung einer geheimen Ahnung überkommt. So hören wir anfangs zwei gleichzeitige Monologe.» (10)

Das ganze Nachspiel, das Dalands zögernden Abgang nachzeichnet, «wird auf der Bühne vom vollständigsten, regungslosesten Schweigen begleitet: Senta und der Holländer, von den beiden entgegengesetzten Seiten des Vordergrundes aus, sind in ihrem beiderseitigen Anblicke festgebannt.» (5) Mit dem ausklingenden Fis-Dur-Akkord spricht die Musik jenes «Schwellentor» an, das den Blick zu ungeahnten Räumen frei zu geben vermag. Daß ihn dieser Augenblick weit über Raum und Zeit hinaushebt, fühlt der Holländer in ganzer Tiefe, wenn er «mezza voce», aber «con molto portamento», d. h. mit allem Nachdruck auf jede einzelne der zu engster Dichte verbundenen Tonsilben, seinen «Monolog» beginnt.

«Wie aus der Ferne längst vergangner Zeiten
Spricht dieses Mädchens Bild zu mir;
Wie ich's geträumt seit bangen Ewigkeiten,
Vor meinen Augen seh' ich's hier. –»

Auch das Orchester schweigt am Beginn dieses Selbstgespräches.
Nur um Sentas Bild, in dem sich der Traum von Ewigkeiten erfüllt zu
haben scheint, schmiegen sich zarte Tremoli von Streichern und Pauke, die mit ihren geheimnisvollen Harmonien Kunde geben von jenseits der Schwelle. Die «Ferne längst vergangner Zeiten», in die der
Holländer schaut, ist das Paradies, da es noch keine Geschlechter-
trennung, keinen Sündenfall gab, da der Engel noch nicht sein Antlitz
von ihm abgekehrt und Satan ihn ergriffen hatte. Und sie umschlie-
ßen auch jene Sphären, zu denen der Mensch durch das Tor des
Todes den Weg findet, wenn die Entelechie sich emporzuschwingen
vermag in die himmlischen Räume.

Der Augenblick, in dem der Holländer Senta gegenübersteht, ist
der Beginn eines spirituellen Erwachens zur Erde. Hatte er bisher die
Erde verneint, indem er sich mit allen seinen irdischen Unzulänglichkeiten über sie erheben wollte und sich gerade dadurch noch stärker
an sie gefesselt hatte, so beginnt er nun durch Senta die göttliche
Erlöserkraft zu ahnen, die sich mit dieser Erde verbunden hat. Jetzt
verstehen wir ganz, warum das christliche Mittelalter solch tiefe Ver-
ehrung der «Immaculata», der jungfräulichen Mutter, entgegen-
brachte. Der Anblick Sentas läßt den «Verdammten» fühlen, wie das
Licht dieses jungfräulichen Seelentums – die «Santa» – in sein eigenes
Inneres strahlt und dort ein Unsagbares, Unnennbares zu heiligem
Leben erweckt, das er durch Trotz, Hochmut und Selbstüberhebung
längst verloren wähnte.

Bei all diesen tiefen Geistgehalten wollen wir jedoch auch nicht die
formal-künstlerische Gestaltung dieses Duett-Beginnes übersehen.
Denn es zeigt zweifellos von einer genialen Schöpferkraft, eine aus-
druckvollst geführte Gesangslinie mit eindringlichster Deklamation
so organisch-natürlich vereinen, Wort und Melodie so selbstver-
ständlich ineinander verweben zu können, wie dies hier der Fall ist.

Zaghaft pocht ein ostinater Rhythmus im Horn, gleich dem sehnsüchtigen Schlag des Herzens, der in demutsvoller Scheu noch zögert, aus der Einsamkeit seiner e-Moll-Harmonie herauszutreten und sich dem von Liebe kündenden E-Dur zu überlassen, das ihm seine Pforten öffnet. Es ist, als wenn alle Starrheit geschmolzen wäre, mit der Trotz, Zweifel und Enttäuschung das Herz umklammert hielten.

> «Wohl hub auch ich voll Sehnsucht meine Blicke
> Aus tiefer Nacht empor zu einem Weib;
> Ein schlagend Herz ließ, ach! mir Satans Tücke,
> Daß eingedenk ich meiner Qualen bleib'!»

Zwei Momente sind in diesen Versen festzuhalten. Zunächst ist es die Tatsache, daß nicht die göttliche Welt das «Schreckgebot» seiner «Verdammnis» über ihn verhängt hatte. Er selbst öffnete dem Widersacher das Tor, indem er freventlich die Elemente herausforderte: «Hui! – Und Satan hört's!» Daß die Engelwelt ihr Antlitz von ihm wendete, erfließt als Notwendigkeit aus seiner eigenen Abkehr. Doch tat sie es nicht, ohne ihm den Hoffnungsschimmer einer Erlösung zu verheißen, mochte sie auch in prophetischen Fernen liegen. Die göttliche Welt läßt keinen verloren sein, der den Weg zu ihr sucht und finden will.

Die Möglichkeit aber zu dieser Wiederfindung liegt in dem «schlagenden Herzen», das dem Holländer nicht genommen wurde, da ihm dadurch die Fähigkeit des Leidens geblieben ist. Zwar erblickt er eben darin «Satans Tücke», doch zeigt dies gleichzeitig die Zwangslage auf, in die das widergöttliche Prinzip geraten muß. Um dem Verdammten alle Qualen seiner Verdammnis fühlbar zu machen, darf ihm das Organ nicht genommen werden, das allein die Qualen verursachen kann. Doch ist damit für die Gegenmacht das Risiko verbunden, daß der Gequälte gerade dadurch nach seinem wahren Ursprung streben, das «Himmelslicht» in ihm, trotz aller Rückschläge, von der Suche nach seiner göttlichen Heimat nicht ablassen wird, da es ja dieses «fühlende Herz» ist, in das diese ewige Sehnsucht tief einversenkt wurde.

Nun könnte menschliches Denken die Frage aufwerfen, warum der Widergott sich auf ein derartiges Risiko einläßt? Hätte er nicht wissen müssen, welche Quelle der Kraft von dieser Fühlensmitte der menschlichen Seele ausgeht. Wir denken dabei an das bekannte Hauff-Märchen «Das kalte Herz» aus der Sammlung «Das Wirtshaus im Spessart», wo die Strafe für alle jene, die sich vom Bösen verführen ließen, darin besteht, daß sie statt eines lebendig-fühlenden Herzens einen Stein in die Brust gelegt bekamen, der sie zu völliger Gefühllosigkeit verdammte und alle Sehnsucht nach Erlösung abtötete. Und was war die Folge:

«Er fuhr zwei Jahre in der Welt umher... und ließ sich die schönsten Merkwürdigkeiten zeigen; aber es freute ihn nichts, kein Bild, kein Haus, keine Musik, kein Tanz, seine Ohren waren abgestumpft für alles Schöne... Er fühlte dann, daß er zwar überaus ruhig sei, aber zufrieden fühlte er sich doch nicht. Es war nicht Heimweh oder Wehmut, sondern Öde, Überdruß, freudenloses Leben, was ihn endlich wieder zur Heimat trieb.» (11)

In diesem Zustand tat er viele böse Dinge, verstieß seine arme alte Mutter, erschlug sein mitleidiges Weib, *«aber das kalte Herz wurde nimmer gerührt von dem Anblicke der bleichen, wohlbekannten Züge, von den bittenden Blicken, von der welken, ausgestreckten Hand, von der hinfälligen Gestalt...» (11)* Und doch führte auch diese Herzenskälte den Widersacher nicht zum gewünschten Ziel. Wohl litt dieser «Peter Munk» nicht jene Qualen, wie sie dem Holländer zugedacht waren, aber nun ist es gerade die absolute Gefühlskälte, die dem Betroffenen zum Bewußtsein kommt und ihm den Verlust seines Menschentums erkennen läßt:

«Mit mir ist es aus, kann mich mein Lebtag nicht mehr freuen; was soll ich allein auf der Welt tun? Meine Mutter verzeiht mir nimmer, was ich ihr getan, und vielleicht hab ich sie unter den Boden gebracht, ich Ungeheuer! Und Lisbeth, meine Frau! Schlaget mich lieber auch tot, Herr Schatzhauser, dann hat mein elend Leben mit einmal ein Ende.» (11)

In den Qualen, wie immer sie empfunden oder erkannt werden, ob als Sehnsucht, als Reue oder in der Eiseskälte absoluter Einsamkeit, liegt die Möglichkeit der Erlösung. Urquell all dieser Schmerzen aber ist der göttliche Liebesfunke, der dem Menschen tief eingeprägt ist, und an dessen Kraft und Möglichkeiten der Widerdämon nicht glauben kann, da er ihn in seiner aus Selbstsucht gewobenen Natur niemals zu begreifen vermag. Was aber könnte sich mächtiger in dieser Schöpfung erweisen als die Liebe, aus der alles Geschaffene erfloß.

«Der ganze folgende E-Dur-Satz», klingendes Zeugnis dieser Liebessphäre, *«ist nun vom Holländer, beim gefühlvollsten und ergreifendsten Gesangsvortrage, äußerlich mit vollkommener Ruhe der Stellung durchzuführen»* (5), schreibt Wagner in seinen Erläuterungen. Aber die ostinat weiterpochende Horn-Rhythmik macht es nur zu deutlich, welch tiefe innere Bewegung sich hinter dieser äußeren Ruhe verbirgt.

Was zieht ihn zu Senta, was erblickt er in ihr? Keineswegs ist es ein Irdisch-Weibliches, nach dem er begehrt. Vergessen wir nicht: der Holländer, wie ihn Wagner uns zeigt, ist wohl ein «Ahasver-», aber kein »Don Juan der Meere». Zwar wird auch diese Sicht von unserem rein intellektualistisch ausgerichteten Zeitbewußtsein zu Tage gefördert, sie wird aber in keiner Weise den Vorstellungen Wagners gerecht. Der Holländer selbst spricht aus, daß es keine sinnesgebundene Liebe ist, die ihn erfüllt:

«Die düstre Glut, die hier ich fühle brennen,
Sollt' ich, Unseliger, sie Liebe nennen?
Ach nein! Die Sehnsucht ist es nach dem Heil,
Würd' es durch solchen Engel mir zuteil!»

Zarte, bebende Orchesterharmonien umdämmern diese Worte mit jenem «Erschaudern», von dem Goethe seinen Faust sagen läßt, daß es des Menschen «bester Teil» ist. Einzigartig die aufsteigende Terzenkette an der Stelle: «Die düstre Glut...», ergreifend auch die von Ewigkeitssehnsucht erfüllte Zurückführung der Harmonie in das E-Dur: «Würd' es durch solchen Engel mir zuteil!» Was in seiner Seele als Verheißung durch Engelsmund lebte, schaut er in Senta. Zum zweiten Male wird ein Bild Wirklichkeit. Für Senta ist der «bleiche Seemann» aus der Ballade in dem fremden Gast Realität geworden; für den Holländer gleicht sie in ihrem Mitleid dem engelhaften Urbild.

Von der gleichen E-Dur-Harmonie fühlt sich auch Senta getragen, wenn sie nach der wahren Wirklichkeit frägt, zu der sie nunmehr erwacht ist. Ein leises, von der Oboe hingehauchtes Zärtlichkeits-Motiv in den Urschritten von Quint und Oktav schwebend, ruft sie aus ihrer Versunkenheit:

> «Versank ich j e t z t in wunderbares Träumen?
> Was ich e r b l i c k e , ist es Wahn?
> Weilt' ich b i s h e r in trügerischen Räumen?
> Brach des E r w a c h e n s Tag heut an? –»

Dieses Oboen-Motiv begleitet die innige Melodik des Gesanges, wird in der Folge auch vom Horn übernommen, und spricht mit seiner aufwärtsgewendeten Oktav von dem Streben, ihr höheres Wesen ganz ergreifen zu können. Denn war die Welt, in der sie sich bisher bewegt hatte, nicht bloß ein Blendwerk «trügerischer Räume»? Ist sie nicht jetzt erst zum wahren Sein erwacht, da sie dem gegenübersteht, dessen tragisches Geschick ihr ganzes Mitleid – die höchste Liebeskraft – entzündet hat?

> «Er steht vor mir mit leidenvollen Zügen,
> Es spricht sein unerhörter Gram zu mir,
> Kann tiefen Mitleids Stimme mich belügen?
> Wie ich ihn oft gesehn, so steht er hier.»

In diesem von Mitleid erfüllten Herzen liegt etwas Engelhaftes; ein Seelentum, dem nichts Irdisch-Kleinliches mehr anhaftet. *«Es gibt wenig Beispiele eines solchen langsam majestätischen Hinströmens der Melodie» (10)* schreibt Franz Liszt, wie es Sentas Kantilene aufweist.

Zu ihrer Innigkeit aber gesellt sich im weiteren Verlauf die Stimme des Holländers, den monologischen Zwiegesang zum echten Duett verbindend. Im prachtvollen Zusammenklang fließt der Melosstrom dahin. Und wie sich der Holländer die Frage nach dem wahren Wesen seiner Empfindungen stellt, so will auch Senta Gewißheit erlangen über ihr Gefühl:

«Die Schmerzen, die in meinem Busen brennen,
Ach! Dies Verlangen, wie soll ich es nennen? –»

Ihre Antwort kündet von derselben Sinnesferne, wie sie der Holländer aussprach. War es bei ihm die «Sehnsucht nach dem Heil», die ihm die Seele so heiß erfüllte, so ist es bei Senta die Sehnsucht, sich als seine Erlöserin aussprechen wissen zu dürfen:

«Wonach mit Sehnsucht es dich treibt – das Heil,
Würd' es, du Ärmster, dir durch mich zuteil!»

Worin besteht nun eigentlich das gänzlich Neue dieses ungeheuren Mitleids, das Senta empfindet? Als Erik ihr von seinen Liebesschmerzen klagte, da achtete sie dieses Leid gering; es stand für sie in keinem

Verhältnis zu dem Schmerz jenes so schwer in Schuld verstrickten Menschen: «Oh, prahle nicht! Was kann dein Leiden sein? Kennst jenes Unglücksel'gen Schicksal du?» Worin liegt die Unterschiedlichkeit? Auch Erik sprach von einer bis zum Tode währenden treuen Liebe. Und ist ein an Liebesweh gebrochenes Herz doch gewiß etwas tief Ergreifendes, das höchste Anteilnahme verdient. Allein hier geht es um ein völlig anderes, das es in dieser Urgewalt vor Golgatha noch nicht gegeben hat.

Liebe, Gnade, Mitleid lösten das alte Gesetz «Aug' um Aug', Zahn um Zahn» ab. So bildeten sich im christlichen Mittelalter zwei Strömungen heraus; eine, in der das alte Gesetz der Vergeltung noch nachwirkte, indem man den Sünder, der dem Bösen erlegen war, der Verdammnis preisgegeben sah: «Fauste, in aeternum damnatus est!» Daneben aber erstand ein tief mystischer Strom, der den gefallenen Menschen nicht in Ewigkeit verloren sehen konnte. Immer mächtiger bricht sich der Gedanke der Erlösung Bahn, und wird auch von einzelnen Menschen ergriffen. Und in unserem Drama haben wir ein Geschehen vor uns, daß eine Menschenseele für immer verloren wäre, daß sie aus dem Menschheitszusammenhang herausfallen müßte, das Ziel ihrer Entwicklung nie würde erreichen können – auch nicht in Äonen –, wenn sich die Prophetie des Engels nicht erfüllte. Und diese hat sich bisher nicht erfüllt. In den Worten: «Noch nie ein treues Weib er fand», liegt Tieferes, als die bloße Nichterfüllung einer Sehnsucht. Es offenbart sich darin, daß sich noch keine Seele fand, die von dem christlichen Mysterium der Liebe und des Mitleids wirklich so erfüllt war, daß sie sich im Innersten das Evangelien-Wort zu eigen gemacht hätte:

«Welcher Mensch ist unter euch, der hundert Schafe hat und, so er der eines verliert, der nicht lasse die neunundneunzig in der Wüste und hingehe nach dem verlorenen, bis daß er's finde?

Und wenn er heimkommt, ruft er seine Freunde und Nachbarn und spricht zu ihnen: Freuet euch mit mir; denn ich habe mein Schaf gefunden, das verloren war.» (Luk. XV, 4/6)

In Senta hat die mitleidsvolle Liebe des «guten Hirten» Wurzel geschlagen. Nur von der Warte dieses christlichen Mysteriums sind ihre Worte in der ganzen Tiefe zu verstehen: «Das Heil, würd' es, du Ärmster, dir durch mich zuteil!»

Mächtig, zu höchster Gefühlsintensität sich steigernd, endet der erste Abschnitt des Duetts mit einer, dem überkommenen Opernstil gemäßen Kadenz, die mit ihrem pathetischen Aufschwung jedoch inhaltlich durchaus gerechtfertigt erscheint. Denn sie zeigt uns die Grenze der ekstatischen Entrückung an, die zu übersteigen der Menschennatur nicht möglich ist. Was nach dieser Kadenz folgen muß, kann nur Rückkehr in die Sinneswirklichkeit sein. Mit dem, durch Akkordzerlegungen ausgeweiteten Erlösungs-Motiv klingt denn auch die Hochstimmung im «dolce pianissimo» zunächst aus; und das durch zwei Takte hindurch pochende Pauken-Solo führt uns wieder zu dem anfänglichen e-Moll zurück.

Auch der zweite Duett-Abschnitt beginnt monologisierend. Führte zu Anfang das e-Moll den Blick des Holländers in «weite Fernen», so leitet es ihn jetzt in die reale Gegenwart.

> «Wirst du des Vaters Wahl nicht schelten?
> Was er versprach, wie? – dürft' es gelten?»

Die Melodik dieser Worte ist verbindlich-konventionell und gibt dem Holländer Gelegenheit, sich Senta etwas zu nähern. *«Mit einer gewissen Befangenheit und traurigen Höflichkeit schreitet er während des kleinen Ritornells einige Schritte nach der Mitte.» (5)* Aber schon stockt der Fluß, und das Pochen der Pauke zeigt nur zu deutlich an, daß sich die Macht der Empfindungen nicht mehr hinter der gespielten Ruhe allgemeiner Konvention verbergen läßt. Ohne Verstellung spricht er die Frage aus, die über sein Geschick entscheidet:

> «Du könntest dich für ewig mir ergeben,
> Und deine Hand dem Fremdling reichtest du?
> Soll finden ich nach qualenvollem Leben
> In deiner Treu' die lang' ersehnte Ruh'?»

Mit dem Worte «Ruh'» hat er das vorangegangene E-Dur wiedergefunden. Triolenbewegungen in den Hörnern verleihen dem Akkord
dieser Harmonie etwas Schwebendes, und dieser, von der Schwere
befreite Klang begleitet auch Sentas Antwort, die in ihren breiten
Notenwerten aufzeigt, wie sehr sie sich des Ernstes und der Bedeutung des Gesagten bewußt ist.

«Wer du auch seist, und welches das Verderben,
Dem grausam dich dein Schicksal konnte weihn –
Was auch das Los, das ich mir sollt' erwerben:
Gehorsam werd' ich stets dem Vater sein!»

Ein Forte-Akzent liegt auf dem Worte «seist», ein durch die Musik
sich offenbarender Aufschrei der Seele, in dem der Schreck um das
Wissen seines Schicksals und der Schmerz darüber miteinander verschmelzen. Mit der Antwort Sentas zieht auch das Tempo leicht an –
«un poco piu animato» – und steigert die Dynamik immer heftigerem
Drängen. Bei der Frage des Holländers: «So unbedingt, wie? könnte
dich durchdringen / Für meine Leiden tiefstes Mitgefühl?», verrät er,
*welchen belebenden Eindruck die erste wirkliche Rede Sentas auf
ihn hervorgebracht hat: er muß diese Stelle bereits in großer Rührung
singen.» (5)* Nicht nur Erregung, auch echte Ergriffenheit schwingt in
dieser Frage. Das ist deshalb von Wichtigkeit, weil sich in der Brust
des Holländers nun selbst jene «Senta-Kraft» des Mitleids und der
Liebe zu regen beginnt, die die Seele aus den Fesseln des Triebes
befreit.

«O, welche Leiden! Könnt' ich Trost dir bringen!»

Senta spricht diese Worte zwar zu sich, aber der Holländer hat sie
dennoch vernommen. Eine Stelle von einzigartiger Schönheit – wenn
nunmehr das Erlösungs-Motiv in Cis-Dur – dolce pianissimo – erklingt, und er *voll staunender Verwunderung erbebt» (5):* «Welch
holder Klang im nächtigen Gewühl! –»
Um Cis-Dur erreichen zu können, muß der Quintenkreis zur Spi-
rale aufgebrochen werden, d. h. die enharmonische Verwandlung am

Schwellenpunkt: Fis-Dur / Ges-Dur darf nicht vollzogen werden. Nur dann gelangen wir zu einer neuen Ausgangsebene, gleichsam zu einem ganz ins Licht gehobenen C-Dur. Mit Cis-Dur stehen wir wirklich in «weitester Ferne», und es gibt kaum eine treffendere Charakterisierung für das Hereinleuchten dieser Harmonie, als die Worte des Holländers: «Welch holder Klang im nächtigen Gewühl!»

Mit dem nunmehr einsetzenden «Molto piu animato» ist er *seiner kaum mehr mächtig; er singt mit dem leidenschaftlichsten Feuer» (5):*

> «Du bist ein Engel! Eines Engels Liebe
> Verworfne selbst zu trösten weiß! –»

Voll Leidenschaft bewegen sich auch die Begleitfiguren in der ersten Violine und im Cello. Und nicht nur Hoffnung und Zuversicht mögen ihn ergriffen haben; was er in Senta vor sich sieht, ist das Abbild des «gepriesnen Engel Gottes», der ihm Erlösung verhieß, d. h. der Mensch, wie er ihn bisher nie zu sehen vermochte, da sich ihm der göttliche Funke stets hinter mannigfaltigsten Egoismen verborgen hatte. Jetzt drängt es ihn, sich diesem «Engel» zu Füßen zu werfen:

> «Ach, wenn Erlösung mir zu hoffen bliebe,
> Alleweiger, durch d i e s e sei's!»

Wie im ersten Duett-Teil sich die «Monologe» am Ende zum echten Zwiegesang vereinten, so hören wir auch jetzt Senta in den Gesang einstimmen und die Worte des Holländers zu ihren eigenen machen:

> «Ach, wenn Erlösung ihm zu hoffen bliebe,
> Alleweiger, durch mich nur sei's!»

Das immer schneller werdende Zeitmaß, macht die stetige Steigerung ersichtlich, von der die ganze Szene beherrscht wird. Der dritte Abschnitt hebt bereits mit einem Agitato an, stürzt aber die Harmonie erneut in die Dunkelheit eines, dem Holländer so schmerzlich vertrauten h-Moll. Drohende Orchesterfigurationen, die düsteren Motive des Irrens, der Todessehnsucht und Meeresöde klagen auf. Aufs neue ergreifen ihn Zweifel, ob Senta, angesichts seines grauenvollen Schicksals ihm auch wirklich angehören möchte? Nein! – nicht «möchte», ob sie ihm angehören d a r f! Denn Angst und Zweifel gilt nicht mehr s e i n e m Schicksal, sondern dem i h r e n. Darf er ein solches Pfand, um seiner eigenen Seligkeit willen überhaupt eintauschen? Da er den Frevel empfindet, den er in diesem Tausch zu sehen vermeint, versucht er sie von diesem Jawort zurückzuhalten, indem er ihr das Drohende, die Schrecken, die ihrer warten, zwar nicht konkret, aber mit aller Intensität ausmalt.

> «Ach, könntest das Geschick du ahnen,
> Dem dann mit mir du angehörst,
> Dich würd' es an das Opfer mahnen,
> Das du mir bringst, wenn Treu' du schwörst!
> Es flöhe schaudernd deine Jugend
> Dem Lose, dem du sie willst weihn,
> Nennst du des Weibes schönste Tugend,
> Nennst ew'ge Treue du nicht dein!»

Die Musik entlehnt sechzehn Takte aus dem zweiten Teil des Holländer-Monologs im ersten Aufzug, und ihr Charakter spiegelt ungetrübt die Erbarmungslosigkeit seiner Schicksaltragik wider. Er will nichts verbergen; gegen sein eigenes Heil spricht er, um das ihre nicht zu gefährden. Eine Wandlung hat sich in ihm vollzogen, der Wagner die schöne Charakteristik gibt:

«Seine Liebe zu Senta äußert sich sogleich in der furchtbarsten Angst für ihr eigenes Schicksal, dem sie sich aussetzt, indem sie ihm die Hand zur Rettung reicht. Wie ein gräßlicher Vorwurf kommt es über ihn, und in der leidenschaftlichen Abmahnung von der Teilnahme an seinem Schicksale wird er ganz und gar wirklicher Mensch, während er bisher oft noch meist nur den grauenhaften Eindruck eines Gespenstes machte. Hier gebe sich also der Darsteller auch in der äußeren Haltung ganz der menschlichsten Leidenschaft hin: wie vernichtet sinkt er mit den letzten Worten: ‹nennst ew'ge Treue du nicht

dein!› vor Senta zusammen, *so daß Senta wie ein Engel erhaben über ihm steht, als sie ihn mit dem Folgenden darüber versichert, was s i e unter Treue verstehe. –»* (5)

Und dieser «Engel» wandelt das finster-ausweglose h-Moll in die von reinster Innerlichkeit erstrahlende gleichnamige Dur-Tonart. Es ist die erste große H-Dur-Stelle in Wagners Gesamtwerk, die uns sein tiefes Wissen um das Wesen dieser Tonart bekundet. H-Dur wird uns in seinem Dramenwerk noch des öfteren begegnen. Elisabeths Fürbitte um das Seelenheil Tannhäusers wird in dieser Tonart stehen; Isoldes Liebestod, der Zauber der Johannisnacht in den «Meistersingern» werden ihr sternenklares Leuchten zur Entfaltung bringen und im «Parsifal» wird sie am Karfreitag die Blumenaue im Auferstehungslicht als eine neue «terra lucida» erstrahlen lassen. So dürfen wir in diesem H-Dur wirklich ein tönendes Bild jener Sphärenharmonie erkennen, die man im kosmischen Quintenkreis mit dem Sternbild der «Jungfrau» verbindet.

Wieder ist es der schwebende Hörnerklang, der Sentas Gesang begleitet und der durch die Einbeziehung der Holzbläser noch eine zusätzliche Verklärung erfährt. Von unendlicher Zartheit ist die Kantilene:

> «Wohl kenn' ich Weibes heil'ge Pflichten,
> Sei drum getrost, unsel'ger Mann!
> Lass' über d i e das Schicksal richten,
> Die seinem Spruche trotzen kann!
> In meines Herzens höchster Reine
> Kenn' ich der Treue Hochgebot. –
> Wem ich sie weih', schenk' ich die E i n e,
> Die Treue bis zum Tod!»

Wir entsinnen uns, daß auch Erik Treue bis zum Tod gelobte: «Mein Herz, voll Treue bis zum Sterben...» Wir ahnen wohl auch die unterschiedliche Gewichtigkeit dieser beiden Gelöbnisse; volle Einsicht wird uns dafür der dritte Aufzug bringen.

Ganz sind die Anklänge an das Holländer-Motiv nicht verstummt; zweimal taucht es während Sentas Gesang in der ersten Violine als

bewegte Variante auf. Aber es ist zu Dur aufgehellt und geht schließlich restlos in der Dreiklangs-Harmonie der «Jungfrau-Sphäre» auf.
Dieses H-Dur, das mit seiner strahlenden Kadenz dem Unseligen
«Treue bis zum Tod» gelobt, leitet auch das abschließende «Allegro
molto», einen *«erhabensten Siegesgesang»* (5) ein.

*«Im darauf eintretenden Allegro molto richtet der Holländer, wäh-
rend des Ritornells, in feierlicher Rührung und Erhebung sich hoch
auf: sein Gesang steigert sich bis zum erhabensten Siegesgesange.»* (5)

> «Ein heil'ger Balsam meinen Wunden
> Dem Schwur, dem hohen Wort entfließt.»

Senta stimmt mit gleich enthusiastischem Jubel ein:

> «Von mächt'gem Zauber überwunden,
> Reißt mich's zu seiner Rettung fort.
> Hier habe Heimat er gefunden,
> Hier ruh' sein Schiff in ew'gem Port!»

Stimmen, die sich umschlingen, wieder voneinander lösen, um sich
noch inniger zu vereinen. Woran der Holländer nicht glauben konnte: sich jemals in seiner Himmelsverbundenheit finden zu können auf
dieser flüchtigen Erdenwelt, dieser Augenblick ließ es Ereignis
werden:

> «Hört es, mein Heil hab' ich gefunden,
> Mächte, die ihr zurück mich stößt!»

Sentas Treue-Schwur bereitete mit seiner H-Dur-Kadenz auch
gleichzeitig die Rückmodulation nach E-Dur vor, in deren Innigkeit
sich der enthusiastische Zwiegesang nunmehr bewegt. Der Jubel des
Holländers hat sich dabei die Dominante von E-Dur errungen, den
A-Dur-Klang, dessen Terz es nun ist, die sein Glück hinausträgt in
den Kosmos. Dieses «Herz» des Dreiklangs, das sein Namensmotiv
so lange entbehren mußte, durchtönt jetzt auch «sein schlagend

Herz», das ihm «Satans Tücke» gelassen hatte, und dem er nie vertrauen mochte. Nun weiß er, daß nur von dort die Heilserlösung zu gewinnen ist: «Mein Heil, mein Heil hab' ich gefunden!»

Des melodischen Erblühens ist kein Ende. Aus dem Überschwang des Glücks, daß «hier sein Schiff» nunmehr «im ew'gen Port» ruhen dürfe, findet Senta ein neues Melos, das trotz seiner, vielleicht ein wenig klischeehafte Operntradition nachzeichnender Linienführung, des Schwunges und Feuers nicht entbehrt und den Zwiegesang seinem dramatischen Gipfelpunkt zuführt.

Senta: «Was ist's, das mächtig in mir lebet?»
Holländer: «Du, Stern des Unheils, sollst erblassen, ...»

Das Verschmelzen der beiden Stimmen erfährt hier insoferne noch eine Steigerung, als sich diese Einswerdung nicht allein durch den Wohllaut des harmonischen Zusammenklangs offenbart, wie dies bisher der Fall war, sondern jetzt auch die Melodik ergreift, indem sich Senta und der Holländer den Vorder- und Nachsatz der achttaktigen Perioden teilen:

Senta: «Was schließt berauscht mein Busen ein?»
Holländer: «Licht meiner Hoffnung, leuchte neu!»

Zum letzten Mal schwingen sich die Stimmen empor zu einer alles überglänzenden Schlußkadenz, in der Senta das Hochgefühl, das sie beseelt, als die Kraft der Treue erkennen will, der Holländer zum Himmel fleht, er möge diese Herzenskraft stärken, die sich ihm liebend verbunden hat.

Senta: «Allmächt'ger, was mich so hoch erhebet,
           Laß' es die Kraft der Treue sein!»
Holländer: «Ihr Engel, die mich einst verlassen,
           Stärkt jetzt dies Herz in seiner Treu'!»

Mit der Rückkehr Dalands erweitert sich die Szene zum Terzett. Franz Liszt bedauerte seinerzeit, daß der Akt nicht mit dem leidenschaftlichen Zwiegesang seinen Abschluß gefunden habe:
«Wir bedauern, daß der zweite Akt des Dramas nicht mit der Liebesszene schließt. Der Vorhang sollte mit den letzten Tönen des Duetts fallen.» (10)
Wir mögen dieses Bedauern vielleicht auch heute noch nachempfinden; denn zweifellos muß nach diesem Gipfelpunkt eines ekstatischen Überschwanges alles weitere abfallen. Tatsächlich ist die Oper auch schon ohne das abschließende Terzett – also dem Wunsche Liszts gemäß – aufgeführt worden. Ob dies aber wirklich zu Recht geschah? Ist nicht vielmehr der Meinung beizupflichten, die in Wagner den hervorragenden Dramatiker und Theaterfachmann sieht, der nur zu gut wußte, *«daß dem weit über vierhundert Takte langem Duett noch eine andere Farbe beigemischt werden mußte» (1)*. Diese für notwendig erachtete Farbtönung fand er im Auftritt Dalands. Mit ihm klingt eine Welt an, die in keiner Weise zu dem *«erhabensten Siegesgesang»* paßt, mit dem das Duett ausklang; darüber war sich wohl kaum jemand besser bewußt, als Wagner. Gerade diesen Gegensatz aber suchte und wollte er. Und mit welcher Subtilität ist dieser Auftritt Dalands gestaltet. Sein Kommen wird acht Takte lang durch ein Freuden-Motiv begleitet, das mit seiner heiter-beschwingten Rhythmik den Jubel über die glückliche Heimkehr mit der Hoffnung auf Sentas Verlobung verbinden soll. So fällt der Schluß des

Aktes doch nicht aus dem Rahmen, da er *«gewissermaßen die Bestätigung des Duetts in einer anderen Sprache» (1)* darstellt und in seiner Biederkeit Ausdruck ist, einer zwar naiven, aber ehrlich empfundenen Lebensfreude.

Dalands von Ungeduld und Neugier erfüllter Gesang wendet die Tonalität trugschlüssig nach C-Dur, doch geht auch dieser Harmonie trotz der veräußerlichenden Wendung der heitere Freudenrhythmus nicht verloren.

> «Verzeiht! Mein Volk hält draußen sich nicht mehr;
> Nach jeder Rückkunft, wisset, gibt's ein Fest.
> Verschönern möcht' ich's, komme deshalb her,
> Ob mit Verlobung sich's vereinen läßt? –
> Ich denk', ihr habt nach Herzenswunsch gefreit? –
> Senta, mein Kind, sag', bist auch du bereit? –»

«Mit feierlicher Entschlossenheit» legt Senta ihre Hand in die des Holländers und gelobt erneut Treue bis zum Tod:

> «Hier meine Hand! Und ohne Reu'
> Bis in den Tod gelob' ich Treu'!»

Das E-Dur ist wiedergefunden; in immer neu aufsteigenden Bögen schwingt sich Sentas Gesang von seinem ersten Höhepunkt auf der Terz des E-Dur-Klanges zur Quint empor, und zeigt durch die dreimalige Wiederholung der Worte: «bis in den Tod», mit welcher Bewußtheit sie dieses Gelöbnis gibt.

Für den Holländer läßt dieser schicksalsträchtige Augenblick das Ungeahnte, Niegeglaubte und stets Bezweifelte Ereignis werden:

> «Sie reicht die Hand! Gesprochen sei
> Hohn, Hölle dir, durch ihre Treu'!»

Aber auch Daland, diese *«derbe Erscheinung des gemeinen Lebens»* *(5)*, sieht sich in seiner Weise am Ziel seiner Wünsche, wenn ihn dabei auch ganz andere Empfindungen bewegen; geschieht für ihn doch alles nach gut bürgerlicher Sitte. So lädt er denn auch, tief befriedigt einen so reichen Eidam gefunden zu haben, zum Verlobungsfest ein.

> «Euch soll dies Bündnis nicht gereun!
> Zum Fest! Heut soll sich alles freun!»

Das zum «Piu Presto» sich steigernde E-Dur umschließt in freudiger Bewegtheit all diese Stimmungsgegensätze und gibt mit dem Jubel-Motiv: «Was ist's, das mächtig in mir lebet», dem Akt seinen rauschenden Schluß.

Dritter Aufzug

Introduktion

Wie die Einleitungsmusik zum zweiten Aufzug eigentlich als Zwischenaktsmusik zu denken war und Wagners ursprüngliche Absicht erkennen ließ, das Werk ohne Pause aufzuführen, so ist auch die Introduktion zum dritten Aufzug in Wahrheit ein musikalischer Brückenschlag, der nahtlos das Vorangegangene mit dem Folgenden verbindet. Wieder bedarf es nur einer Streichung der letzten zwölf Takte des Nachspiels vom zweiten Akt und die Kontinuität ist gegeben. Denn der Beginn der Introduktion wiederholt wörtlich diese 12 Takte mit Ausnahme der vier letzten. Es handelt sich um das Jubel-Motiv aus dem großen Duett: «Was ist's, das mächtig in mir lebet». Nach diesem Zitat führt eine lebhafte Achtel-Figuration in Sentas Erlösungsgesang, mit dessen zweimaligem Erklingen die Reminiszenz an das Vergangene ihr Ende findet und dem kommenden Geschehen Raum gibt. Die heiteren Seemannsweisen beherrschen nunmehr das musikalische Feld und bauen den unmittelbaren Übergang zur ersten Szene: der eigenwillige Nonensprung des Matrosentanzes, das «Ho-He» des Seemannsrufes sowie die Vorwegnahme des kernig-volkstümlichen Matrosenchores mit seiner derb-fröhlichen Rhythmik führen uns direkt zu dem heiteren Fest, das Daland ankündigte und das beim Heben des Vorhanges bereits einen feucht-fröhlichen Verlauf nimmt. Wir haben es somit auch bei dieser Einleitung mit einer Zwischenaktsmusik zu tun.

Erste Szene

«Steuermann, lass' die Wacht!
Steuermann, her zu uns!
Ho! He! Je! Ho!
Hißt die Segel auf! Anker fest!
Steuermann, her! –»

Wir blicken in eine Seebucht mit felsigem Gestade; zur Seite im Vordergrund das Haus Dalands. «Den Hintergrund nehmen, ziemlich nahe beieinander liegend, die beiden Schiffe, das des Norwegers und das des Holländers ein. Helle Nacht: Das norwegische Schiff ist erleuchtet; die Matrosen desselben sind auf dem Verdeck. Jubel und Freude. Die Haltung des holländischen Schiffes bietet einen unheimlichen Kontrast: Eine unnatürliche Finsternis ist über dasselbe gebreitet; es herrscht Totenstille auf ihm.»

Nach der autobiographischen Aufzeichnung in «Mein Leben» gehört das «Steuermannslied» der Matrosen und der spätere Spukgesang der Holländermannschaft neben der Senta-Ballade zu den ersten Stellen des Dramas, die Wagner in Musik gesetzt hatte. *(1)* Tatsächlich ist der motivische Zusammenhang der Seemanns-Melodik mit jener der Ballade nicht zu überhören:

Im Lied der norwegischen Matrosen finden die *«Eigentümlichkeiten des nationalen Volksmelismus»* *(2)* ihre unmittelbarste Ausprägung.

«Das, was die Volksmelodie dem modernen italienischen Melismus gegenüber am kenntlichsten auszeichnet, ist hauptsächlich ihre scharfe r h y t h m i s c h e Belebtheit, die ihr vom Volkstanze her eigentümlich ist . . .» *(2)*

Die Tonalität des Liedes ist ein handfestes, sinnenfrohes C-Dur, das jedoch durch kurze modulatorische Wendungen Moll-Abdunkelungen und durch einverwobene chromatische Tonfolgen gesteigerte Klangintensitäten erfährt und solcherart Zeugnis gibt, daß diese unbeschwerte Heiterkeit der Lohn für so manche durchgestandene Augenblicke der Not, Entbehrung und Gefahr ist.

In der Folge geht der Gesang in die uns aus der Ouvertüre bereits bekannte, rhythmisch sehr markant profilierte Tanzweise über, von derem keckem Nonensprung schon so oft die Rede war.

Lediglich auf die harmonischen Fundamente von Tonika und Dominante gestellt, zeigt diese, von Männerstiefeln in fröhlicher Derbheit heruntergepolterte Tanzweise, wie Wagner es verstanden hat, der volkstümlichen Musik einen gesunden, ungekünstelten Boden zu bereiten. Wie fest jedoch der musikalische Zusammenhang dieses Tanzintermezzos mit dem Matrosenlied ist, läßt der dritte Takt erkennen, in welchem das gleiche rhythmisierte Dreiton-Motiv aufklingt wie zu Beginn des Matrosenliedes, bei den Worten: «Steuermann, lass' die Wacht!»

An «herrlichem Tabak und gutem Branntwein» ließ es der glückliche Vater nicht fehlen; so ist des Gestampfes und heiterem Gejohles kein Ende. Und von den Mädchen werden in Körben neue Speisen und Getränke aus dem Hause gebracht.

«Mein! Seht doch an! Sie tanzen gar!
Der Mädchen bedarf's da nicht fürwahr.»

Der Inhalt der Körbe ist der Mannschaft des Holländers, des «Bräutigams» zugedacht. Aber eine «unnatürliche Finsternis» ist über das Schiff gebreitet, gespenstische Stille herrscht an Bord und bildet zum frohen Festestreiben an Deck von Dalands Frachter einen unheimlichen Kontrast.

> «Man hört sie nicht!
> Ei, seht doch nur!
> Kein Licht! Von der Mannschaft keine Spur!»

Auf die Fragen der Mädchen, die dicht am Ufer stehend, in das holländische Schiff hineinrufen, antwortet kein Laut, kein Echo.

Mädchen: «He! Seeleut'! He! Wollt Fackeln ihr? –
        Wo seid ihr doch? Man sieht nicht hier! –
Matrosen: Weckt sie nicht auf! Sie schlafen noch.
Mädchen: He! Seeleut'! He! Antwortet doch!»

Doch Grabesstille wie zuvor. Nach einer, von gespanntem Lauschen erfüllten Generalpause steigt aus dem Orchester im leisesten Pianissimo ein fahler cis-Moll-Klang auf, von zwei gestopften tiefen Trompeten und einem Fagott intoniert. Die nur gehauchte Lautstärke sowie der durch die Dämpfung etwas gepreßt anmutende Instrumentenklang geben diesem «Echo» eine gespenstische Düsternis, die durch das unmittelbare Nebeneinander der cis-Moll-Harmonie mit dem sinnenfrohen C-Dur wie aus fremden, weiten Fernen herüberzuwehen scheint.

    Spott, Übermut und Betroffenheit mischen sich in den neuerlichen Weckruf der Mädchen und Matrosen.

> «Haha! Wahrhaftig! Sie sind tot;
> Sie haben Speis' und Trank nicht not!»

Noch ahnen sie nicht, wieviel Wahrheit ihr Spott in sich birgt.

Im folgenden teilen sich nunmehr die Stimmen im Sinne eines antiphonischen Gegengesanges zu kontrastierenden Stimmungsgehalten; während die Mädchen sich weiterhin in heiteren, dem Volkslied abgelauschten Dur-Weisen bemühen, der Holländerbesatzung Wein und Speise anzubieten, führen die norwegischen Matrosen mit spöttisch «affektierter Traurigkeit» den Nachsatz in einer müde dahinschleichenden Melodik weiter.

Mädchen: «He, Seeleute! Wollt ihr nicht frischen Wein?
         Ihr müsset doch wahrlich auch durstig sein!
Matrosen: Sie trinken nicht, sie singen nicht;
         In ihrem Schiffe brennt kein Licht.»

Lauter und eindringlicher erschallen ihre Rufe. Doch die gleiche Grabesstille antwortet ihnen. Akzentuiert ausschreitende Bässe und geräuschvoll aufwuchtende Skalenteile lassen erkennen, daß sich die Gemüter der Unheimlichkeit dieses Schweigens nicht länger entziehen können. Ihr Rufen hat jegliche melodische Linie verloren. Auf einem einzigen Ton beharrend, mit pochender Prim-Intervallik, versuchen sie die fremden Seeleute aus ihrem Schlaf herauszuhämmern:

«He! Seeleut'! Seeleut'! Wacht doch auf!
Wir bringen euch Speis' und Trank zu Hauf!»

Vergeblich! Nur der fahle, gespenstisch-bange Mollklang (fis-Moll) im Orchester gibt Antwort. Noch einmal, mit aller Kraft, so laut sie nur können, versuchen sie die Schlafenden wachzurütteln. Das schwarze f-Moll, zu dem sich ihre Stimmen verdichten, spiegelt das aufsteigende Grauen wider, das sie befällt: «Seeleut'! Seeleut'! Wacht doch auf!» Doch auch dieser letzte Ruf verhallt in der Totenstille einer Generalpause. Langes Schweigen; dann, zum drittenmal der gespenstische Moll-Klang. Diesmal ist es g-Moll, das im Horn und in zwei Fagotten erklingt. «Betroffen und furchtsam» übernimmt jetzt der Chor der Mädchen die schleichende, trübe Melodik der Männer.

«Wahrhaftig, ja! Sie scheinen tot.
Sie haben Speis' und Trank nicht not.»

Allerdings ist es jetzt keine gespielte, spöttische Traurigkeit, wie sie es eben vorher war. Das unheimliche Gehaben der unsichtbaren Holländer-Mannschaft läßt sie zu den frohen, lustigen Weisen nicht mehr zurückfinden. Die Männer dagegen werden dadurch nur zu noch mehr Übermut gereizt. In «steigender Ausgelassenheit» schrecken sie nicht zurück, den Teufel an die Wand zu malen. Vielleicht auch dämmert ihnen wirklich ein Ahnen auf, mit welchem «Gast» sie es zu tun haben könnten.

«Vom fliegenden Holländer wißt ihr ja!
Sein Schiff, wie es leibt, wie es lebt, seht ihr da!»

Das kernige C-Dur macht es nur zu deutlich, daß sie die Angst nicht teilen, die bei diesen Worten die Mädchen befällt:

«So weckt die Mannschaft ja nicht auf:
Gespenster sind's, wir schwören drauf!»

Im Gegenteil! In übermütigster Ausgelassenheit fordern sie die «Gespenster» durch ihr ironisches Fragen zum Dialog heraus:

«Wieviel hundert Jahre schon seid ihr zur See?
Euch tut ja der Sturm und die Klippe nicht weh!...
Habt ihr keine Brief', keine Aufträg' fürs Land?
Unsren Urgroßvätern wir bringen's zur Hand!»

Zu diesem lärmenden Übermut der Männer stehen die gedrückten, traurigen Chorphrasen der Frauen in eindrucksvollem Gegensatz, die als Gegenstrophen den Männergesang weiterleiten und die Scheu, das Mitgefühl empfinden lassen, denen sich die Herzen der Mädchen nicht entziehen können.

«Sie trinken nicht! Sie singen nicht!
In ihrem Schiffe brennt kein Licht...
Sie sind schon alt, und bleich statt rot!
Und ihre Liebsten, ach, sind tot!»

Was diese Chorszene darstellt, läßt die zu Wagners Zeiten stereotype Verwendung des Chores weit hinter sich.

«Der Chor, das unentbehrliche Requisit der großen Oper, der getreue Helfer in jeder dramatischen Verlegenheit, das erstarrte, aus lebendigen Menschen zu einer Lärmmaschine herabgesunkene edle Instrument, in dem die Stimme, wenn nicht der Menschheit, so doch des Volkes und der Allgemeinheit sich symbolisieren soll, dieser oft mißbrauchte Chor feiert hier eine triumphierende Auferstehung.» (3)

Hier ist der Chor nicht mehr bloße Beigabe. Wagners geniale Fähigkeit, den Chor als handelnde Person mitten in die Szene zu stellen, wie dies später im «Tannhäuser», «Lohengrin» und den auf die Ring-Tetralogie folgenden Bühnenfestspielen in so einzigartiger Weise der Fall ist, beginnt sich mit dieser Szene zu verwirklichen. Mußte uns der Chor in den beiden vorangegangenen Akten noch als tradierte Opern-Usance erscheinen, so erwacht er hier zur dramatischen Person. In voller Deutlichkeit zeigt sich dies am Höhepunkt dieser Szene, wenn die Holländer-Mannschaft aus ihrem «Todesschlaf» erwacht.

Mit der Beschwörung des Holländer-Motivs durch die lärmende Dreistigkeit der norwegischen Matrosen hat die Ausgelassenheit ihren Gipfel erreicht:

> «Hei, Seeleute! Spannt eure Segel doch auf,
> Und zeigt uns des fliegenden Holländers Lauf!»

Voll Grauen wenden sich die Mädchen ab. Doch fröhliche Terzen-Melodik führt die Furchtsamen wieder zurück in die ursprüngliche Heiterkeit:

> «Ihr Mädel, laßt die Toten ruhn!
> Laßt's uns Lebend'gen gütlich tun!»

Dem «müden Nachbar» soll seine Ruhe gegönnt sein. Speise und Trank, die ihm zugedacht waren, wollen sich froh die «Lebendigen» teilen.

> «Juchhe! Juchhe! Da gibt's die Fülle! –
> Lieb' Nachbar, habe Dank!»

Die Gläser werden frisch gefüllt, und in tolldreistem Übermut versucht diese schäumende Lebenslust erneut die Toten herauszufordern.

> «Lieb' Nachbarn, habt ihr Stimm' und Sprach',
> So wachet auf und macht's uns nach!»

Mit den Hussa-Rufen der trinkenden und becherstampfenden Matrosen führt uns der Chorsatz zur Reprise des Seemannsliedes:

> «Steuermann, lass' die Wacht!
> Steuermann, her zu uns!...»

Da beginnt sich das Meer im Umkreis des Holländer-Schiffes zu heben, während es sonst überall ruhig bleibt, «eine dunkelbläuliche Flamme» lodert am Deck «als Wachtfeuer» auf, und heftiger Sturm pfeift durch die Taue. Das C-Dur der Tanzweise, die eben mit ihrem dreist-übermütigen Nonensprung anheben wollte, reißt plötzlich ab, und der Ruf der Holländer-Quarte, in einem fahlen h-Moll, beherrscht das Geschehen: «Johohe! Johohoe! Hoe! Hoe! Hoe!» Entspricht der Beginn dieses Gegenchores dem Anfang der Senta-Ballade, so gleichen die weiteren Hoe-Rufe fast wörtlich jenen der norwegischen Matrosen. Die Unterschiedlichkeit liegt lediglich darin, daß der Seemannsruf der Norweger eine große Sekund umfaßt, während sich die Geisterrufe der Holländer-Mannschaft in einem kleinen Sekund-Intervall bewegen. Diese Nuancierung ist deshalb erwähnenswert, weil das große, aufsteigende Sekund-Intervall etwas Durchlichtetes, sich zur Umwelt hin Aufschließendes erleben läßt, während der kleine Sekundschritt ein eindunkelndes, sich abschließendes Element zum Ausdruck bringt. Besitzt der Ganzton-Schritt eine starke innere Dynamik, die aus jeglicher Erstarrung herausführen möchte, ist die kleine Sekund in der abendländischen Musik stets mit einem Schmerzerlebnis verbunden und als ein Intervall der Träne, des Seufzens und Leidens empfunden worden. So strahlte auch der Sekund-Ruf des Steuermannliedes befreiende Fröhlichkeit aus, während das «Hoe!» der Geistermannschaft etwas Beklemmendes an sich hat. Ähnlich ist es mit den «Hussa-Rufen». Bei den Norwegern zur Oktave geweitet, erscheinen sie hier auf die Holländer-Quint eingeengt. Drei Piccoloflöten und Tamtam dienen dazu, den gespenstischen Eindruck zu intensivieren. Auch die Windmaschinerie fehlt jetzt als akustische Untermalung nicht.

> «Hui-ßa!
> Nach dem Land treibt der Sturm
> Hui-ßa!
> Segel ein! Anker los! Hui-ßa!
> In die Bucht laufet ein!»

Viermal heult die Holländer-Quinte auf, der ganze erste Teil des Gespensterchores ist motivisch dem zweiten Abschnitt der Ballade entnommen. Höhnisches Gelächter auf dem im Fortissimo hämmernden Dominantseptakkord von h-Moll mit seinen satanischen Vorschlägen leitet das unheimliche Brautlied ein, das die Mannschaft des Holländers ihrem Kapitän darbringt:

«Schwarzer Hauptmann, geh an Land,
Sieben Jahre sind vorbei!
Frei’ um blonden Mädchens Hand!
Blondes Mädchen, sei ihm treu!»

Vier fast gleichlautende, von Chromatik durchsetzte Melodiezüge durchfegen den Oktavraum von h-Moll. In phantastischer Wildheit gährt und brodelt die gespenstische Flut dieser Musik, gleich den an den Masten emporzüngelnden blauen Flammen. Dann wird die Thematik des zweiten Strophenteiles der Ballade wieder aufgegriffen:

«Lustig heut! Hui!
Bräutigam! Hui!
Sturmwind heult Brautmusik, – Ozean tanzt dazu!»

Diabolische Klänge zerschneiden grell die Lüfte. Die in der Ballade nur geahnte Dämonie entfaltet sich hier in ihrer ganzen schaurigen Wirklichkeit.

«Hui! – Horch, er pfeift! –
– Kapitän bist wieder da? –
Hui! – Segel auf! –
Deine Braut, sag', wo sie blieb? –
– Hui! – Auf, in See! –
Kapitän! Kapitän! Hast kein Glück in der Lieb'!»

Höllisches Gelächter –, dann wieder die starr aufsteigende unisone Linie dieses makabren Brautgesanges:

«Sause, Sturmwind, heule zu!
Unsren Segeln läßt du Ruh'!
Satan hat sie uns gefeit,
Reißen nicht in Ewigkeit.»

Mit Verwunderung, dann mit immer zunehmendem Entsetzen haben Dalands Matrosen dem Geisterchor zugehört und die schreckhaften Naturerscheinungen wahrgenommen, die ihn begleiteten. Denn «während des Gesanges der Holländer wird ihr Schiff von den Wogen auf und ab getragen».

«Welcher Sang? Ist es Spuk? – Wie mich's graut!»

Um sich selbst Mut zu machen, versuchen sie mit ihrem Lied das höllische Getöse zu übertönen. Über den aufheulenden Sturmpassagen des Orchesters klingt ihr «Steuermann, lass' die Wacht», wie ein mühsames Ertasten der vertrauten C-Dur-Harmonie. Aber der barbarisch sich aufbäumenden Chromatik dieses Dämonenchores, die jede Suche nach einem harmonischen Fundament von vornherein erstickt, sind sie nicht gewachsen. Das C-Dur-Gefüge ihres Liedes gerät ins Wanken; jeder neue Ansatz zeigt nur das klägliche Scheitern des Bemühens um die ihnen so wesensnahe Harmonie, indes der Holländer-Chor sich zu immer schreckenerregenderer Wildheit steigert. Schließlich bringt er die Menschenstimmen zum Schweigen. Von Grauen übermannt, sich ängstlich bekreuzigend, verlassen die norwegischen Matrosen unter dem Hohngelächter der Holländer-Besatzung das Verdeck.

Im Nu – mit einem dreifachen Forte-Schlag – verschwindet der Spuk. Totenstille herrscht wieder auf dem Schiff, eingehüllt von dichtester Finsternis, wie zuvor. Luft und Meer sind ruhig. Über dem Orgelpunkt auf «fis» hallt im Horn das Holländer-Motiv nach, trostbringend beantwortet von dem, durch die Holzbläser verklärten Erlösungs-Thema; dann sinkt alle Thematik in ein Streicher- und Paukentremolo auf den Grundton von h-Moll hinab.

Die musikalische Gestaltung dieser gewaltigen Chor-Szene ist ein einzigartiges Meisterwerk. Gewiß erfordert sie einen entsprechenden Aufwand an Stimmen, der nicht immer zu Gebote stehen mag. In manchen Opernhäusern wird denn auch – aus Mangel an Männerstimmen – diese Szene gekürzt, womit man sich allerdings einer der faszinierendsten Stellen des Werkes begibt. Denn die Übereinanderschichtung der beiden Chöre, die gigantische Konfrontation der Sinneswelt mit der dämonisierten Elementensphäre ist von einer überwältigenden Wirkung und läßt die beiden Grundstimmungen des Werkes in einer einmaligen Weise aufeinanderprallen, so daß mit ihrer Eliminierung ein wesentlichstes Strukturelement verloren gehen muß.

Zweite Szene

Die beklemmende Stille des vorangegangenen Szenenschlusses, ihr Verhallen in einem düsteren c-Moll-Akkord, von Hörnern und Fagotten in dreifachem Piano geraunt und durch das unheilverkündende Rauschen eines Tam-Tam ins Geisterhafte gehoben, läßt uns in ihrem spannungsgeladenen Schweigen nur zu deutlich fühlen, daß das Drama unaufhaltsam seiner Entscheidung und damit seinem tragisch-verklärten Ende zueilt. Formal zeigt sich dieser Ablauf in einer klaren Dreiteiligkeit der Schlußszene. Den ersten Abschnitt bildet das Duett Erik-Senta; dieser dramatischen Auseinandersetzung folgt als lyrisch-verhaltener Mittelteil Eriks Cavantine; schließlich fügt sich ihr als dritter Abschnitt das Finale an, mit dem die Dramatik des Duetts wieder aufgegriffen wird.

«Senta kommt bewegten Schrittes aus dem Hause, ihr folgt Erik in höchster Aufregung». Die innere Erregung, die beide beherrscht, spricht sich durch eine punktierte Sekund-Motivik aus (I), die ihren Auftritt begleitet, und sich gleich zu einer drängenden Thematik verdichtet (II), um schließlich zum Kernstück des Duetts zu erwachsen.

«Was mußt' ich hören, Gott, was mußt' ich sehen!
Ist's Täuschung? Wahrheit? Ist es Tat?»

Auch Senta greift in ihrer Entgegnung dieses Sekund-Motiv auf, wenn sich der in der Holländermusik so oft wiederkehrende punktierte Rhythmus zu einer ariosen Gesangslinie weitet, in deren Gebärde die ganze innere Abwehr liegt, mit der Senta Eriks Vorwürfe, seine Klagen und Bitten von sich fern zu halten sucht (III):

«O, frage nicht! Antwort darf ich nicht geben.»

In leidenschaftlichen Ausbrüchen, die immer wieder den punktierten Sekund-Rhythmus als Keimzelle des melodischen Flusses erkennen lassen, beschwört Erik das Unvorstellbare, das mit unheilvoller, verführerischer Gewalt plötzlich Wirklichkeit werden soll:

«Gerechter Gott! Kein Zweifel! – Es ist wahr! –
Welch unheilvolle Macht riß dich dahin?
Welche Gewalt verführte dich so schnell –
Grausam zu brechen dieses treuste Herz?
Dein Vater – ha! den Bräut'gam bracht' er mit…
Ich kannt' ihn wohl… mir ahnte, was geschieht!»

Von Daland war dies zu erwarten. Doch sie, Senta, kann sie die Hand wirklich einem Unbekannten reichen, der ihre Schwelle kaum betrat? Wieder steigt die erregte Sekund-Motivik empor und kündet von Sentas heftigem inneren Kampf:

«Nicht weiter! Schweig'! Ich muß, ich muß!»

Der Duettbeginn wiederholt sich auf der Dominante. Erik kann Sentas «Müssen» nur als Pflicht gegenüber dem Vater verstehen. Das Wissen um die ethisch viel höher zu wertende Mitleidspflicht, das sie bewegt, bleibt ihm verschlossen. Deshalb klingt im Orchester in verkürzter Form jener chromatische Abwärtsgang auf, der vorher Sentas breit gedehnte Gesangslinie bei den Worten: «Antwort darf ich nicht geben», durchzog. Wäre es doch auch vergebliche Mühe, Eriks Denken einer Wahrheit erschließen zu wollen, die er nie begreifen kann.

«O des Gehorsams, blind wie deine Tat!
Den Wink des Vaters nanntest du willkommen,
Mit e i n e m Stoß vernichtest du mein Herz!»

Doch überhören wir auch nicht den inneren Kampf, den Senta in ihrem eigenen Herzen auszufechten hat, da ihr durch Eriks Vorwürfe, seine Klagen und sein Flehen, jene Vergangenheit wieder lebendig wird, die ihr unwissendes Mädchen-Dasein mit unschuldigem Glück erfüllt hatte, und von der sie bereits bewußt Abschied nahm. Deshalb die Heftigkeit, mit der sie Erik am Weitersprechen zu hindern sucht:

«Nicht mehr! Nicht mehr! Ich darf dich nicht mehr sehn,
Nicht an dich denken, hohe Pflicht gebeut's!»

Die irdische Zuneigung, die Senta zu Erik hegt, müssen wir durchaus
als ehrlich, rein und echt ansehen. Gerade sie macht ja das Opfer um
so deutlicher, das Senta ob der «hohen Pflicht» zu bringen gewillt ist.
Ist doch der Verzicht auf all die Freuden des irdischen Lebens mit
diesem Entsagen verbunden. Aber auf der anderen Seite steht nicht
die bloße Unzulänglichkeit und Verfehlung eines Menschen, die heute oder morgen ihre Sühne finden werden, sondern ein Verdammter,
der für immer sein Menschentum verlieren müßte, wenn er jenes
«Unendlich-Weibliche» nicht finden würde, aus dessem Seelenschoß
allein der Geistkeim seines wahren Menschentums ersprießen kann.
Deshalb auch Sentas heftiges Erschrecken, als Erik von dem Treue-
schwur spricht, den sie ihm gegeben hätte.

«Welch hohe Pflicht? Ist's h ö h ' r e nicht, zu halten,
Was du mir einst gelobtest, ew'ge Treue?»

Wäre dies wahr, und wirklich so zu verstehen, wie Erik es ausspricht,
stünde dann nicht Pflicht gegen Pflicht? Oder tragischer ausge-
drückt: Hieße die Treue für den einen, nicht Untreue wider den
anderen? Im heftigsten Erbeben daher Sentas ängstliche Frage: «Wie?
Ew'ge Treue hätt' ich dir gelobt?»
   Eine ausdrucksvolle Oboen-Kantilene, halb Klage, halb flehendes
Bitten, leitet Eriks «Cavantine» ein, den lyrischen Ruhepunkt in der
erregten Dramatik der Szene. Sie soll Senta nicht nur an jenen ver-
meintlichen Treueschwur gemahnen; mit ihrem innig-zärtlichen Melos zaubert sie ihr auch die ganze unbeschwerte Verträumtheit ihres
kindlichen Mädchentums in die Seele zurück.

«Willst jenes Tags du nicht dich mehr entsinnen,
Als du zu dir mich riefest in das Tal?
Als, dir des Hochlands Blume zu gewinnen,
Mutvoll ich trug Beschwerden ohne Zahl?»

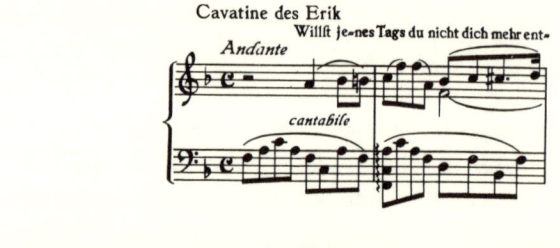

Cavatine des Erik

Willst je=nes Tags du nicht dich mehr ent=

fin = nen, als du zu dir mich riefest in das Tal? Als, dir des Hoch = lands Blume zu ge=

win=nen, mut=voll ich trug Beschwerden ohne Zahl!

Wie die ganze Szene, so weist auch die Cavatine eine Dreigliedrigkeit auf. Der erste Vierzeiler, der fest auf der Tonika eines F-Dur
steht, das in seiner vorfrühlingshaften Zartheit voll Erwartung des
kommenden Erlebnisses ist, erinnert Senta an den Tag, da er, von ihr
gerufen, ins Tal kam; wie oft hatte er auf gefährlichen Pfaden keine
Mühe gescheut, ihr des «Hochlands Blume» zu bringen. Der Schluß
dieses Vierzeilers läßt die Harmonie sich unvermerkt zur Dominante
wenden. Mit pochender Prim-Intervallik, die der Erinnerung erhöhte
Intensität verleihen soll, hebt, mehr als Sprechgesang denn als Lyrismus, der zweite Abschnitt an:

«Gedenkst du, wie auf steilem Felsenriffe
Vom Ufer wir den Vater scheiden sahn?
Er zog dahin auf weiß beschwingtem Schiffe
Und meinem Schutz vertraute er dich an.»

Schwärmerisch, voll seliger Glückserwartung, erscheinen die modulatorischen Wendungen nach Des- und später nach D-Dur, in die sich die Melodik hineinträumt. Durch Wiederholungen zu einem Sechszeiler ausgeweitet, gibt der Teil den Worten Nachdruck, daß der Vater selbst die Tochter Eriks Schutz anvertraut hatte.

Der dritte Abschnitt der Cavantine beginnt wieder auf der Tonika, allein der Inhalt des Erlebten mag wohl die Ursache sein, daß sich die Harmonie sofort zu einem As-Dur verinnerlicht, da Erik Senta an jene Zärtlichkeit gemahnt, die er nur als Bestätigung ihrer Neigung verstehen konnte:

«Als sich dein Arm um meinen Nacken schlang,
Gestandest du mir Liebe nicht aufs neu?
Was bei der Hände Druck mich hehr durchdrang –
Sag', war's nicht die Versichrung deiner Treu'?»

Auch dieser Teil weitet sich durch Textwiederholungen aus, erwächst zu einem Siebenzeiler, der dann mit einer kurzen Kadenz endet, in der Eindringlichkeit ihrer Melodik von der Überzeugungskraft dieser «Treue-Versicherung» sprechend.

Es bleibt offen, wie weit Eriks Schilderung diese Zärtlichkeitsgeste überbewertet und ihr Gefühle unterlegt, die subjektiv-einseitiger Art sind. Mag sein, daß ihr «natürliches» Mädchentum von dem Zauber der Natur, durch das Scheiden des Vaters und von der leidenschaftlichen Liebe Eriks berührt war und sie sich fraglos der schmerzlichseligen Süße dieser Stimmung überließ. Ihr gegenwärtiges heftiges Erschrecken wie auch die Vehemenz ihrer Frage: «Wie? Ew'ge Treue hätt' ich dir gelobt», machen jedoch deutlich, daß es nicht ganz so gemeint war, wie Erik es auslegt. Dies schließt freilich nicht aus, daß Senta mit aufrichtiger Neigung Erik zugetan ist. Diese Tatsache muß nochmals betont werden, da man sich an einer schwerwiegenden Problematik vorbeidrücken würde, wollte man sie zu einem bloßen Scheingefühl bagatellisieren. Daher sind auch Eriks Worte nicht ganz ohne Wirkung auf sie geblieben. Denn sie müssen ihr den Zwiespalt in vollem Ausmaß ins Bewußtsein gerufen haben, in dem sie nun steht. Wenn auch nicht der geringste Zweifel darüber herrscht, daß Senta nur einen Moment dem verführerischen Empfindungszauber nachgeben könnte, den ihr Eriks Gesang als irdisches Sinnesglück zugeraunt, so ist doch der Augenblick gekommen, wo offenbar werden muß, daß sie sich fest entschieden hat. Und das heißt Abschied nehmen von allen Freuden und Beglückungen, die das irdische Dasein zu bieten hat.

Ein Abschied, der viel Umfassenderes, Tiefgreifenderes in sich birgt, als dies zunächst scheinen mag. Wir sprachen vorhin von einer möglichen Ambivalenz ihrer Pflichten, daß die Treue für den einen, Untreue sein könnte gegen den anderen. Wie verhält es sich nun wirklich? Daß Senta die innere Entscheidung getroffen hat, ließ uns das Ende des zweiten Aufzuges klar erkennen: «Hier meine Hand! Und ohne Reu' / Bis in den Tod gelob' ich Treu'!» Wir verwiesen dabei ausdrücklich auf die mehrfache Wiederholung der Worte: «Bis in den Tod ...» und ihre melodische Akzentuierung, die uns ein zweifelfreies Zeugnis ablegte für ihre Bewußtseinsklarheit und feste Entschlossenheit. Wurden sie doch nach Dalands Rückkehr gesprochen, d. h. zu einem Zeitpunkt, da der Zauber ihres Zwiegesanges mit dem Holländer, durch den biederen, auf das Praktisch-Irdische gerichteten Sinn ihres Vaters, nicht mehr jene berückend-überwältigende Macht ausüben konnte, wie dies unmittelbar am Ende des Duetts der Fall war: «Von mächt'gem Zauber überwunden, / Reißt mich's zu seiner Rettung fort». Nicht umsonst daher auch die Bitte des Holländers: «Ihr Engel, die mich einst verlassen, / Stärkt jetzt dies Herz in seiner Treu'!»

Nein, Senta steht nicht mehr im Bann des Entrückungs-Zaubers, wenn sie vor dem Vater ihre Hand in die des Holländers legt. Sie ist sich der Tragweite ihres Schwures voll bewußt. Und vielleicht liegt hier auch der entscheidende Faktor, warum Wagner das Ende des Aktes nicht mit dem Schluß des Duetts zusammenfallen ließ, wie Liszt dies so gerne gesehen hätte. Der Daland-Auftritt soll die Entrückten zurückführen in die Wirklichkeit der Tageswelt, um das Gelöbnis auch in der ihr gemäßen Wachheit wiederholen zu können.

«Ohne Reu'» hat Senta in diese Verbindung gewilligt. Eigentlich spricht dieses Wort bereits das Opfer an, das Senta zu bringen bereit ist; denn in ihm leuchtet alles auf, was groß und würdig genug wäre, um seinen Verlust «bereuen» zu dürfen. Nicht Pflicht steht gegen Pflicht; wir müssen vielmehr sagen: Die Treue zu einem Höheren hat die Treuepflicht zu einem Geringeren in ihr ausgelöscht. Das aber heißt in letzter Konsequenz, daß Erik um dieser «höheren Treue» willen geopfert werden muß. In Erik, dem Jäger, haben wir das innig der Natur verbundene L e b e n zu sehen mit seinem berückenden Sinneszauber, seinem Frohsinn, seiner Wehmut, seinen Herzensregungen, Hoffnungen und Enttäuschungen. Der Holländer aber fordert zur Auseinandersetzung mit der geistigen Existenz unseres Wesens heraus; hier geht es nicht um irdische Werte, sondern um den Wahrheitsbeweis der Erlösungsprophezeiung aus Engelsmund. Und Sentas Herz ist der Schauplatz dieser Konfrontation. In dramatischer Eindringlichkeit ruft sie der Empfindungsreichtum dieser Sinneswelt in das irdische Leben, während die Stimme ihres Herzens von Mitleid und Entsagung spricht. Der Konflikt würde gemildert sein, könnte auch in Eriks Herz etwas von dieser wissenden Entsagung aufblühen, die Senta beseelt.

Der hier auftauchende, so folgenschwere Konflikt, der uns zwingt, das irdische Dasein zu verneinen, um einer höheren Transzendenz die Treue halten zu können, hat Wagner sein ganzes Werk hindurch begleitet und ihn zu immer deutlicherer, eindringlicherer Gestaltungskraft aufgerufen. Letztlich war er auch die Ursache für seine intensive Auseinandersetzung mit dem Christentum, durch die schließlich dieser Zwiespalt seine letzte Durchlichtung in der erlösten «Kundry» erfahren konnte, wo nichts mehr zurückgestoßen, nichts um des anderen willen aufgeopfert werden mußte. Im «Parsifal» hat sich die Wandlung des Geschöpflichen zur «entsündigten Natur» vollzogen, der Zwiespalt von Geist und Stoff wurde überwunden. Alle diese Probleme, die Kernfragen des Ring-Dramas, des «Tristan», des «Parsifal» sind, liegen bereits in dem Konflikt Erik-Senta, bzw. Holländer verborgen, von Wagner erfühlt und erahnt, in voller Schärfe jedoch noch nicht ausgeführt. Dies hätte auch den Sagencharakter gesprengt, dem Wagner unbedingt treu bleiben und durch keine Ausweitung verwischen wollte.

Bevor Senta jedoch Zeugnis ablegen kann über eine Entscheidung, die ihr Herz längst getroffen hat, geschieht das Unvorhersehbare, das wir gewöhnlich «Zufall» nennen und fordert unwiderruflich den Vollzug. «Zufällig», und sicher gegen seinen Willen, ist der Holländer Zeuge dieser Auseinandersetzung geworden. In «furchtbarer Erregung» tritt er hervor. Die chromatische Tonfolge des Szenenbeginnes, von uns als Motivteil II bezeichnet, wird zur beherrschenden Thematik. Von einem verminderten Septakkord umklammert, durchbricht das Motiv viermal mit seiner anklagenden Gebärde die Verzweiflungsrufe des Unseligen, der sich neuerlich der Verdammnis preisgegeben sieht.

«Verloren! Ach, verloren! Ewig verlornes Heil!»

Umsonst, daß Senta sich dem Verzweifelten in den Weg wirft. Überzeugt, dem Fluch für immer erliegen zu müssen, eilt er zum Schiff.

«In See! In See – für ew'ge Zeiten! –
Um deine Treue ist's getan, –
Um deine Treue – um mein Heil!
Leb' wohl, ich will dich nicht verderben!»

Die chromatischen Tonfolgen (Motiv II) bäumen sich in ihrer Umkehrung mit wuchtendem Pathos auf. Alle Versuche Sentas, den Holländer aufzuhalten, scheitern an der Heftigkeit des Getäuschten:

«Halt' ein, Unsel'ger . . .
Halt' ein!
Von dannen sollst du nimmer fliehn!»

Als er durch ein gellendes Pfeifsignal den Befehl gibt, die Segel aufzuziehen und den Anker zu lichten, ballt sich in hoher Lage der Holzbläser und Hörner ein verminderter Septakkord (cis-e-g-b) zusam-

men, der mit dem nachfolgenden, abgerissenen Quintsextakkord
(cis-e-g-a) den qualvollen Aufschrei deutlich macht, der das Herz des
Unseligen zusammenkrampft. Wilde Sturmpassagen fegen dahin.

> «Segel auf! Anker los!
> Sagt Lebewohl auf Ewigkeit dem Lande!»

Vergeblich versucht Senta ihm den Glauben an sie wiederzugeben:

> «Ha! Zweifelst du an meiner Treue?
> Unsel'ger, was verblendet dich?
> Halt' ein! Das Bündnis nicht bereue!
> Was ich gelobte, halte ich!»

Wieder beherrscht das punktierte Sekund-Motiv aus dem vorangegangenen Duett das musikalische Geschehen des nunmehr zum Terzett sich weitenden Gesanges. Denn gleich den vergeblichen Mühen
Sentas, dem Holländer ihre Treue zu versichern, sind auch Eriks
Versuche umsonst, die Geliebte dem magischen Bann dieses unheimlichen Fremden zu entreißen; denn anders als durch magischen Zauber kann er sich ihr wahnumfangenes Entrücktsein nicht erklären:

> «Was hör' ich! Gott, was muß ich sehen!
> Muß ich dem Ohr, muß ich dem Auge traun?
> Senta! Willst du zugrunde gehen?
> Zu mir! Du bist in Satans Klaun!»

Dem Holländer jedoch ist aller Glaube, alle Hoffnung geschwunden;
nur der vernichtende Zweifel an Gott und Welt ist ihm geblieben:

> «Fort auf das Meer treibt's mich aufs neue!
> Ich zweifl' an dir, ich zweifl' an Gott!
> Dahin! Dahin ist alle Treue!
> Was du gelobtest, war dir Spott!»

Das Teilmotiv II des Szenenbeginns formt sich zu einem «Molto agitato», dessen Thematik die verzehrende Leidenschaftlichkeit erkennen läßt, die in den Seelen der Betroffenen wogt.

Zu den chromatischen Auf- und Abwärtsbewegungen dieses Motivs gesellt sich dann eine neue Figuration, die den Dreigesang in eine immer heftigere Steigerung treibt. Eine Sekund-Folge, in der rhythmischen Struktur: Viertel, punktierte Achtel, Sechzehntel ● ● ● ● Unisone chromatische Passagen der Streicher, aus dem Motivteil II gewonnen, bilden schließlich den dahinjagenden, unerlösten Abgesang dieses Terzetts, in dem kein Wort zum Wort des andern, kein Herz – so scheint es – den Weg zum Herzen des anderen findet.

Was ist geschehen, worin liegt das Ausweglose dieses «Zufalls»? Der Holländer muß den Treueschwur, wie ihn Erik geschildert hat, für wahr halten und dadurch Sentas, ihm gegenüber abgelegtes Gelöbnis seiner Glaubhaftigkeit beraubt sehen. Nun bleibt für Worte kein Raum mehr; was Senta versprach, muß zur Tat werden; die Treue, die sie ihm zu halten bereit ist, fordert ein sichtbares Zeugnis. Wenn es dieses Zeugnisses nicht bedürfte, hätte das Werk mit ihrem Versprechen am Ende des zweiten Aktes schließen können. Doch spricht der Schwur von «Treue bis zum Tod». Und dies kann der Dramatiker nur aufzeigen, indem er das Fließen der Zeit zu einem Augenblick zusammenrafft. Die Gestalt Eriks, sein Pochen auf Sentas vermeintliches Versprechen in der vorangegangenen Szene, dienen dieser Ersichtlichmachung und fügen sich als Vorbereitung für diesen entscheidenden Augenblick organisch in das Geschen ein. Auch das Spiel des Zufalls, das den Holländer Zeuge dieser Unterredung werden ließ, dient diesem Zweck.

Der Holländer jedoch, verlustig jeglichen Glaubens, bar aller Hoffnung, sagt sich von Senta los, Verrat wähnend, wo kein Verrat ist. Allein ein Einzigartiges offenbart sich auch an ihm; Glaube und Hoffnung sind ihm geschwunden, doch die keimhafte Erweckung, die Sentas engelhaftes Wesen in seiner Seele vollzog, ist ihm unverlierbarer Besitz geworden: die L i e b e. Mag er auch entgegen der Stimme seines Herzens Sentas Treue bezweifeln, die Liebe, die sie in ihm wachrief, hält ihm die Treue. So will er das grauenhafte Geschick von ihr fernhalten, das der vermeintliche Treuebruch unweigerlich nach sich ziehen müßte. Der sich einst gegen Weltordnung und Naturgewalten Auflehnende, in seiner Egoität Gefangene, verzichtet für immer auf sein Heil, um den «anderen» vor Unheil zu bewahren.

Das Orchester verstummt, alle leidenschaftlichen Melismen sind zum Schweigen gebracht. Im Sprechton des Rezitativs enthüllt der Holländer sein Geheimnis, das Senta längst bewußt war:

«Erfahre das Geschick, vor dem ich dich bewahre! –
Verdammt bin ich zum gräßlichsten der Lose;
Zehnfacher Tod wär' mir erwünschte Lust!»

Einwürfe des Orchesters unterstreichen mit der zur Tiefe stürzenden chromatischen Tonfolge des Teilmotivs II die Schauer dieser Verdammnis. Doch plötzlich ein Streichertremolo auf dem Ges-Dur-Akkord im zartesten Pianissimo: es spricht von der Erlösung, die ihm verheißen wurde, und die Harmonie verrät uns mit ihrem Ges-Dur, daß sich der Holländer selbst schon an dieser «Schwelle» stehend wähnte.

«Vom Fluch ein Weib allein kann mich erlösen,
Ein Weib, das Treu, bis in den Tod mir hält.»

Dann wieder der kalte, unbarmherzige Rezitativton, von bebenden Tremoli und schwer akzentuierten Akkorden zu erschreckender Eindringlichkeit intensiviert:

«Wohl hast du Treue mir gelobt, doch vor
Dem Ewigen noch nicht: – dies rettet dich!
Denn wiss', Unsel'ge, welches das Geschick,
Das jene trifft, die mir die Treue brechen: –
Ew'ge V e r d a m m n i s ist ihr Los! –»

Kein melodischer Zug ist diesen Worten beigegeben, und doch ist
jedes einzelne von ihnen groß empfunden, erscheint jede Phrase wie
mit einem Meißel herausgehauen aus der Härte der Akkorde. Wie
sollte er in seinem fluchwürdigen Dasein die Unzahl derer nennen,
die sein Werben mitgerissen hatte in die Verdammnis seines todlosen
Lebens.

«Zahllose Opfer fielen diesem Spruch
Durch mich! – Du aber sollst gerettet sein. –
Leb' wohl! – Fahr' hin, mein Heil, in Ewigkeit!»

Sentas Liebe strahlt in sein Herz und wandelt es zur Selbstlosigkeit.
Um sie nicht dem Verderben auszusetzen, opfert er sein eigenes Heil.
Das ist wohl nur so zu verstehen, daß er für immer die Möglichkeit
preisgibt, je wieder an Land zu gehen, daß die Prophetie der «sieben
Jahre» damit erloschen ist. Denn mit diesem Verzicht kann sich das
Wort nicht mehr erfüllen. Wieder müssen wir den Bildcharakter des
Geschehens richtig erkennen. Nachdem Senta, in der er ein himmlisches Wesen «aus der Ferne längst vergang'ner Zeiten» zu sehen
glaubte, die Erlösung nicht bringen konnte, ist Erlösung schlechter-
dings unmöglich. Gewahrte er in ihr doch zum erstenmal etwas von
der Kraft der Gnade, die ihn in Liebe versöhnen wollte mit Gott und
Welt. Nach ihr kann es keine Heilsbotschaft mehr geben. Und um sie
zu retten, die sein eigenes Herz mit Mitleid und Liebe erfüllte, ist er
bereit, sich selbst der Verdammnis preiszugeben. In seiner Verzweiflung erkennt er den Widerspruch nicht, in den er sich verstrickt. Da
ihm Senta selbst einem Engel gleich erschien, dürfte er an der Wahrheit ihres Schwures keinen Zweifel hegen; die Engelwelt, der er so
inbrünstig sein Heil entgegenrief: «Mein Heil! Mein Heil hab' ich

gefunden!», trügt nicht. Ihm aber ist alle Zuversicht geschwunden. Noch einmal versichert ihn Senta mit flammenden Worten ihrer Treue, gesteht, daß sie von Anbeginn wußte, w e m sie ihr Versprechen gab:

«Wohl kenn' ich dich! Wohl kenn' ich dein Geschick!
Ich kannte dich, als ich zuerst dich sah!
Das Ende deiner Qual ist da! – Ich bin's,
Durch deren Treu' dein Heil du finden sollst!»

Aber ihr Bemühen den Verblendeten aufzuhalten, scheitert an seinem Unglauben, der jeglichem Hoffen den Rücken kehrt.

«Du kennst mich nicht, – du ahnst nicht, wer ich bin!
Befrag' die Meere aller Zonen, befrag'
Den Seemann, der den Ozean durchstrich!
Er kennt dies Schiff, das Schrecken aller Frommen:
Den f l i e g e n d e n H o l l ä n d e r nennt man mich!»

Die dramatische Spannung ist von unvorstellbarer Gewalt. Alles Melodisch-Thematische schweigt während dieses Bekenntnisses zur Gänze; das Orchester begnügt sich mit wenig hingeworfenen Akkord-Akzentuierungen; nur ein Schauer erweckendes, unisones Tremolo der Geigen begleitet den ganz auf Deklamation ausgerichteten Gesang. Als dann der Holländer «mit Blitzesschnelle» an Bord seines Schiffes steigt, heult die fahle h-Moll-Quinte auf und unter dem «Joho-hoe»-Rufen seiner Mannschaft «verläßt das Schiff eiligst die Küste». Eine Steigerung dieses dramatischen Ablaufes scheint kaum mehr möglich. Auf Eriks Hilferuf eilen Daland, Frau Mary, die Mädchen und die Matrosen herbei, um Senta zurückzuhalten, die dem Fliehenden nacheilen will. Ihr verzweifeltes Fragen: «Senta, was willst du tun?», wird übertönt von den Hoe-Rufen des Geisterschiffes, die mit ihren kleinen Sekund-Vorschlägen ein wahres Höllengelächter entfalten. Und doch gelingt es Wagner, den Gipfel dieser Dramatik noch zu übersteigern, wenn sich Senta mit «wütender Macht» losreißt und ein vorstehendes Felsenriff erklimmt:

«Preis' deinen Engel und sein Gebot!
Hier sieh mich, treu dir bis zum Tod!»

Ein strahlender D-Dur-Akkord trägt dieses Gelöbnis weit hinaus auf
das Meer; unter der dröhnend in die Tiefe stürzenden chromatischen
Tonfolge, die das ganze Finale beherrschte, springt Senta in die Flut.
Sogleich versinkt das Schiff des Holländers, das Meer schwillt hoch
auf und sinkt dann in einem Wirbel zurück.

Wir stehen vor dem geistigen Höhepunkt des Dramas, seinem eigentlichen Ziel: die Erlösung des Holländers von der Verdammung zu todlosem Leben; Befreiung von einem Dasein, das der
Weltordnung zuwiderläuft. Eine beseligende Flut von Klängen steigt
aus dem Orchester empor. Erst ist es das im sieghaften D-Dur-Licht,
von zarten Piano bis zum strahlenden Fortissimo anschwellende Erlösungsthema, an das sich nahtlos der ekstatische Jubelhymnus des
Balladen-Schlusses anschließt: «Ich sei's, die dich durch ihre Treu'
erlöse!» Ihm folgt im schmetternden Klang der Trompeten, Posaunen
und Tuben, von lichten Girlanden der Streicherfigurationen umrankt, das Holländer-Motiv, wuchtig gegründet auf dem D-Dur-
Klang, der alle Blässe und Fahlheit, allen Trotz und Hochmut zum
Schwinden bringt, die diesem herrisch sich aufrichtenden, terzenlo-
sen Thema innewohnten. Jetzt ist es zu einer alles überstrahlenden
Tongebärde sieghafter Ich-Findung geworden.

Sentas Sprung vom Felsenriff ist bildhaftes Zeugnis für ihr Gelöbnis: «Treue bis zum Tod!» Ihr Sterben muß in diesem Sinne, und
nicht als Selbstmord gewertet werden. Welch eindringlicheres
Gleichnis stünde dem Dichter dafür zu Gebote, als die Hingabe des
eigenen Lebens?

Der dramatische Bogen, der mit schier klassischer Geschlossenheit
das Geschehen umspannt, wölbt sich seinem Ende zu; die Handlung
kehrt zu dem Element zurück, von dem sie ihren Ausgang genommen hat. «In demselben Augenblick versinkt das Schiff des Holländers mit aller Mannschaft.» Doch nicht in dem ehernen Blechbläser-
klang liegt die erschütterndste Schlußapotheose, sondern im Verklä-
rungswunder der letzten Takte. Mit einer plagalen Wendung zur Sub-

dominante, von Harfenarpeggien gleich einer Aura umhüllt, erklingt «dolce espressivo» noch einmal das Erlösungs-Motiv in G-Dur. Dieser musikalischen Glorifizierung entspricht die Bildsymbolik, die Wagner als Anweisung gibt: «Im Glührot der Sonne sieht man über den Trümmern des Schiffes die verklärten Gestalten Sentas und des Holländers, sich umschlungen haltend, dem Meere entsteigen und aufwärts schweben.» Der ahasverische Schmerz des weltmüden Helden ist ausgelitten. Die mitleidende Liebe hat ihn den Weg finden lassen zu den Sphären wahrer Unsterblichkeit.

Eine zarte, von einem süß-schmerzlichen Vorhalt geprägte Wendung in den hohen Violinen führt in den Schlußakkord von D-Dur zurück.

Nachwort

Der Leser, der diesen Ausführungen gefolgt ist, wird uns bestätigen, daß wir in unserer Darstellung größtes Gewicht darauf gelegt haben, den Intentionen Wagners voll gerecht zu werden. Dies betrifft sowohl die musikalische Besprechung der Motivik, als auch die Ausdeutung des Mythos.

Die M u s i k war für Wagner stets der «Mutterschoß» des Dramas; eine Erkenntnis, die sich zunächst auf die antike Musiké bezog, nach Wagners Dafürhalten aber auch für seine Gegenwart Geltung hatte. In dieser Eigenschaft hat sich die Musik *«weder vor, noch hinter das Drama zu stellen; sie ist nicht sein Nebenbuhler, sondern seine Mutter:*

Sie tönt, und was sie tönt, möget Ihr dort auf der Bühne erschauen; dazu versammelt sie Euch: denn was sie ist, das könnt Ihr stets nur ahnen; und deshalb eröffnet sie Euren Blicken sich durch das szenische Gleichnis, wie die Mutter den Kindern die Mysterien der Religion durch die Erzählung der Legende vorführt». (1)

Diese Worte sind eine Schlußfolgerung, die sich für Wagner aus der Wegrichtung ergab, welche die europäische Musikentwicklung bereits v o r und eindringlich n a c h Beethoven genommen hatte. Und wenn diese Erkenntnisse auch erst Jahre nach Vollendung des «Holländers» von ihm niedergeschrieben worden sind, so waren sie doch bereits bei der Abfassung der Holländer-Partitur instinktiv erfühlter Leitgedanke. Ihm zufolge sollen die dramatischen Vorgänge auf der Bühne dazu dienen, uns die nur empfindungsmäßig zu erahnenden musikalischen Geschehnisse ins Bewußtsein zu heben. Oder mit Wagners Worten formuliert: durch sie die *«ersichtlich gewordenen Taten der Musik»* zur Offenbarung zu bringen.

Darauf müßte jedes Konzept einer Inszenierung gegründet sein, zumal dieser Begriff der *«ersichtlich gewordenen Taten der Musik»,* neben seiner musikhistorischen Rechtfertigung auch einen Faktor darstellt, der mit Wagners persönlicher Schaffensart aufs innigste verbunden ist. Wir haben im Zuge unserer Darstellung erlebt, mit welcher Akribie er alle Details des Agierens seines Helden festgelegt hat, wie dieser seine Schritte zu lenken, seine Gebärden zu setzen habe, damit sie exakt mit der musikalischen Phrase übereinstimmen. Wir erinnern uns auch an Wagners Begründung dieser ausführlichen Detaillierung:

«Ich habe diese Szene so ausführlich besprochen, um an ihr zu zeigen, in welchem Sinne ich den ‹Holländer› dargestellt verlange und welches Gewicht in der sorgfältigsten Übereinstimmung der Aktion mit der Musik liegt; im gleichen Sinne möge ferner der Darsteller seine ganze Rolle zu erfassen sich bemühen. Außerdem ist diese Arie aber auch das Schwierigste der Partie, und dieses namentlich deswegen, weil von dem Erfolge dieser Szene das ganze weitere Verständnis des Gegenstandes für das Publikum abhängt . . .» (2)

Gerade diese «Erläuterungen» geben uns ein Zeugnis, wie sich für Wagners künstlerisches Schaffen der thematische Einfall mit Gebärde und Bewegung zu einer Einheit verbindet. In einem Brief an Uhlig schreibt er, wie er einmal den Klavierauszug zum «Lohengrin» aufschlug, und sein Blick auf die *«anmutige Melodie»* der Bläser bei Elsas nächtlichem Erscheinen auf dem Söller fiel; dabei wurde ihm mit einem Mal klar, daß der Einfall seiner Themen *«immer im Zusammenhang mit einer plastischen Erscheinung»* und derem *«Charakter»* stünde. Es darf daher gesagt werden: Hatte sich die «plastische Erscheinung» bei der Konzeption des Werkes für Wagner spontan in Musik verwandelt, so obliegt es dem Regisseur und dem Darsteller der Rolle, die Musik wieder in die «plastische Erscheinung» zu transformieren, sie als «ersichtlich gewordene Tat der Musik» auf der Bühne erstehen zu lassen. Diesem Gebot sollten die genauen Regieanweisungen dienen. Auch wir versuchten dieser Absicht gerecht zu werden, wenn wir die musikalischen Vorgänge nicht bloß in ihrer thematisch-harmonischen Struktur, sondern gleichzeitig mit dem Hinweis auf jenen Empfindungsgehalt charakterisierten, den die Vorgänge auf der Bühne in uns erweckten.

Nun gilt diese «Ersichtlichmachung» freilich nicht allein für den einzelnen Darsteller der jeweiligen Rolle, sondern gleichermaßen für das Bühnenbild, für Farbgebung und Beleuchtung, Kostüme, kurz: für alle Kunstgattungen, die dadurch aufgerufen sind, im ergänzenden Miteinander diese *Taten der Musik* auf der Bühne anschaubar zu machen. Wagner sah in diesem Zusammenwirken der Künste kein additives Nebeneinander, bei dem jede Kunstgattung ihr ausgeprägtes Eigenleben bewahrt, sondern eine Gemeinschaft, die ihre künstlerischen Faktoren dem zentralen Ideengehalt des musikalischen Dramas weitgehendst unterordnet. Man hat dafür den Begriff des «Gesamtkunstwerkes» geprägt, ein Terminus, der, obzwar nicht von Wagner erfunden, das Wesentliche seiner Absichten zum Ausdruck bringt. Der Verfasser hat diesem Begriff des Gesamtkunstwerkes in seinem Buch «Vom Ring zum Gral» ein ausführliches Kapitel gewidmet.

Das zweite wichtige Kriterium zum Verständnis seines Werkes ist Wagners Auffassung vom Mythos. Die Erkenntnis, die er ausgesprochen hat, wonach der Mythos in einen Zustand der *Hellsichtigkeit* versetzen würde, durch die *Zusammenhänge der Phänomene der Welt* (3) erschaubar würden, die man mit *dem Auge des gewöhnlichen Wachens nicht gewahren könnte* (3), wurde im Zuge unserer Darstellung bereits erwähnt. Wir ergänzen dieses Wort durch eine Parallelstelle aus der «Mitteilung an meine Freunde»:

«Bewundert, ihr hochgescheiten Kritiker, das Allvermögen der menschlichen Dichtungskraft, wie es sich im Mythos des Volkes offenbart. Dinge, die ihr mit eurem Verstande nie begreifen könnt, sind in ihm, mit einzig so zu ermöglichender, für das Gefühl deutlich greifbarer, sinnlich vollendeter Gewißheit dargetan.» (4)

Nun stehen diese mythologischen Bilder, da sie aus einer ehemaligen imaginativen Hellsichtigkeit hervorgegangen sind, mit dem durch sie zum Ausdruck kommenden Geistgehalt in ursächlichem Zusammenhang und sind daher nicht willkürlich veränderbar. Dieses Verständnis vom Wesen des Mythos ist dem heutigen Denken allerdings weitgehendst verlorengegangen. Man ist in der zeitgenössischen Wiedergabe des Werkes Richard Wagners vielfach der Ansicht, daß es neuer Deutungen bedürfe, um ihm die längst überholten «Nachtseiten der Romantik» zu nehmen und eine zeitgemäße Aktualität zu verleihen.

Wir haben versucht, in unserer Darstellung den beiden wichtigsten Komponenten seines Werkes gerecht zu werden, indem wir den Leser mit den szenischen Absichten Wagners vertraut gemacht und uns bemüht haben, die musikalische Gebärde der Themen und Motive vor seinem inneren Hören als «Taten der Musik» zum Erklingen zu bringen, ihre Übereinstimmung mit dem Bühnengeschehen ersichtlich zu machen. Bezüglich des Mythos waren wir ebenfalls bestrebt, Wagners Intentionen zu folgen, und das Geschehen nicht zu einer Alltags-Aktualität herabzutrivialisieren, sondern auf jene *Hellsichtigkeit»* Bedacht zu nehmen, durch die uns *«Zusammenhänge der Phänomene der Welt»* erschaubar werden, die *«dem Auge des gewöhnlichen Wachens»* entzogen sind. Damit glauben wir, dem Leser eine Hilfe für seine eigene Urteils- und Meinungsbildung gegeben zu haben, wenn er sich nun mit einem der modernen Regiekonzepte konfrontiert sieht, die vorgeben, dem Werk Wagners eine neue Deutung angedeihen lassen zu wollen, wobei aber die Intentionen seines Schöpfers in keiner Weise berücksichtigt werden. Ob es sich dabei wirklich um eine neue Sicht des Werkes W a g n e r s handelt, oder um eine, dieses Werk mißdeutende und verfälschende Sicht des Regisseurs, wird zu entscheiden sein. Dabei müssen wir uns freilich die Frage stellen, ob derartige Willkürlichkeiten der Regie erlaubt sind und gebilligt werden dürfen. Geht es doch dabei um nichts Geringeres, als um den geistigen Schutz eines Kunstwerkes, bzw. des Künstlers.

Literatur-Verzeichnis

Zur Entstehung des Werkes

1 Richard Wagner: Eine Mitteilung an meine Freunde, Ges. Schriften und Dichtungen, 4. Band, Leipzig 1872
2 Richard Wagner: Mein Leben, Leipzig 1914
3 Zdenko v. Kraft: Richard Wagner, München/Wien 1953
4 Richard Wagner: Autobiographische Skizze, Ges. Schriften und Dichtungen, 1. Band, Leipzig 1871
5 D. Stoverock und Thilo Cornelissen: Der fliegende Holländer von Richard Wagner, Berlin 1962. Das Zitat wurde aus dieser Schrift entnommen.

Die Quellen zu Wagners Holländer-Drama

1 Richard Wagner: Autobiographische Skizze, Ges. Schriften und Dichtungen, 1. Band, Leipzig 1871
2 D. Stoverock und Thilo Cornelissen: Der fliegende Holländer von Richard Wagner, Berlin 1962
3 Richard Wagner: Eine Mitteilung an meine Freunde, Ges. Schriften und Dichtungen, 4. Band, Leipzig 1872
4 Heinrich Heine: Der Salon, Aus den Memoiren des Herren von Schnabelewopski, Erstes Buch, Meyers Klassiker-Ausgaben, Band 4
5 Paul Bekker: Wagner, Das Leben im Werk, Stuttgart/Berlin/Leipzig 1924
6 Richard Wagner: Zukunftsmusik, Ges. Schriften und Dichtungen, 7. Band, Leipzig 1873

Die Stellung des «Fliegenden Holländers» im Dramen-Werk Wagners

1 Richard Wagner: Über die Anwendung der Musik auf das Drama, Ges. Schriften und Dichtungen, 10. Band, Leipzig 1883
2 Richard Wagner: Eine Mitteilung an meine Freunde, Ges. Schriften und Dichtungen, 4. Band, Leipzig 1872

3 Richard Wagner: Kunst und Revolution, Ges. Schriften und Dichtungen, 3. Band, Leipzig 1871
4 H. St. Chamberlain: Richard Wagner, München 1933
5 Richard Wagner: Mein Leben, Leipzig 1914

Die Ouvertüre

1 Richard Wagner: Mein Leben, Leipzig 1914
2 Franz Liszt: «Der fliegende Holländer» von Richard Wagner, Dramaturgische Blätter, II. Abtlg. Leipzig 1881
3 Richard Wagner: Ouvertüre zum «Fliegenden Holländer», Ges. Schriften und Dichtungen, 5. Band, Leipzig 1872

Erster Aufzug

1 Rudolf Steiner: Occultes Lesen und occultes Hören, Vortrag v. 3. und 5. X. 1914, Dornach 1936
2 Arnold Schering: Beethoven und die Dichtung, Hildesheim/New York 1973
3 Hermann Pfrogner: Lebendige Tonwelt, München/Wien 1976
4 Franz Liszt: «Der fliegende Holländer» von Richard Wagner, Dramaturgische Blätter, II. Abtlg., Leipzig 1881
5 Hans Erhard Lauer: Die Volksseelen Europas, Stuttgart 1965
6 Rudolf Steiner: Das Wesen der Farben, Vortrag v. 6. V. 1921, Dornach 1973
7 Richard Wagner: Bemerkungen zur Aufführung der Oper «Der fliegende Holländer», Ges. Schriften und Dichtungen, 5. Band, Leipzig 1872
8 Die Märchen der Brüder Grimm, München 1957
9 Charles Dickens: Ein Weihnachtslied in Prosa, Winkler Verlag, München
10 Richard Wagner: Eine Mitteilung an meine Freunde, Ges. Schriften und Dichtungen, 4. Band, Leipzig 1872
11 Meyers Lexikon: 4. Band, Leipzig 1926
12 Joh. W. v. Goethe: Dichtung und Wahrheit, 3. Teil, 15. Buch Artemis Gesamtausgabe X, Seite 695-97, Zürich 1977
13 Rudolf Steiner: Die Apokalypse des Johannes, Vortrag v. 21. VI. 1908, Dornach 1979
14 Joh. W. v. Goethe: West-östlicher Divan, Buch des Unmuts Artemis Gesamtausgabe III., Seite 332, Zürich 1977
15 Rudolf Steiner: Das Hereinwirken geistiger Wesenheiten in den Menschen, Vortrag v. 16. V. 1908, Freiburg 1955
16 Gotth. Ephr. Lessing: Die Erziehung des Menschengeschlechts
17 Julius Mosen: Ahasver, zitiert nach Rudolf Steiner: Die okkulte Bewegung im 19. Jahrhundert und ihre Beziehung zur Weltkultur, Vortrag v. 1. XI. 1915, Dornach 1969
18 Hartmann v. Aue: Der arme Heinrich, Darmstadt 1967

Zweiter Aufzug

1 D. Stoverock und Th. Cornelissen: Der fliegende Holländer von Richard Wagner, Berlin 1962
2 Richard Wagner: Zukunftsmusik, Ges. Schriften und Dichtungen, 7. Band, Leipzig 1873
3 Richard Wagner: Eine Mitteilung an meine Freunde, Ges. Schriften und Dichtungen, 4. Band, Leipzig 1872
4 Richard Wagner: Zum Vortrag der Neunten Symphonie Beethovens, Ges. Schriften und Dichtungen, 9. Band, Leipzig 1873
5 Richard Wagner: Bemerkungen zur Aufführung der Oper: «Der fliegende Holländer», Ges. Schriften und Dichtungen, 5. Band, Leipzig 1872
6 Ferdinand Pfohl: Der fliegende Holländer, Schlesingersche Musik-Bibliothek, Berlin/ Wien
7 Ernst Wasserzieher: Ableitendes Wörterbuch der deutschen Sprache, Bonn/Hannover/ Hamburg/München 1963
8 Richard Wagner: Über Staat und Religion, Ges. Schriften und Dichtungen, 8. Band, Leipzig 1873
9 Friedrich Oberkogler: Vom Ring zum Gral, Stuttgart 1978
10 Franz Liszt: «Der fliegende Holländer» von Richard Wagner, Dramaturgische Blätter, II. Abtlg., Leipzig 1881
11 Wilhelm Hauff: Märchen-Almanach auf das Jahr 1828, Das Wirtshaus im Spessart: «Das kalte Herz»

Dritter Aufzug

1 Richard Wagner: Mein Leben, 1. Teil, Seite 273, Leipzig 1914
2 Richard Wagner: Eine Mitteilung an meine Freunde, Ges. Schriften und Dichtungen, 4. Band, Leipzig 1872
3 Ferdinand Pfohl: Erläuterungen zum «Fliegenden Holländer», Schlesingersche Musik-Bibliothek, Berlin

Nachwort

1 Richard Wagner: Über die Benennung «Musikdrama», Ges. Schriften und Dichtungen, 9. Band, Leipzig 1873
2 Richard Wagner: Bemerkungen zur Aufführung der Oper: «Der fliegende Holländer», Ges. Schriften und Dichtungen, 5. Band, Leipzig 1872
3 Richard Wagner: Zukunftsmusik, Ges. Schriften und Dichtungen, 7. Band, Leipzig 1873
4 Richard Wagner: Eine Mitteilung an meine Freunde, Ges. Schriften und Dichtungen, 4. Band, Leipzig 1872

Dr. Friedrich Oberkogler

FAUST

Band I

Werkbesprechung und geisteswissenschaftliche Erläuterungen
424 Seiten, gebunden
Format 14×21 cm · Fr./DM 48,–
ISBN 3-7214-0074-7

Band II

Werkbetrachtung und geisteswissenschaftliche Erläuterungen
736 Seiten, gebunden
Format 14×21 cm · Fr./DM 58,–
ISBN 3-7214-0075-5

Dieses Buch soll vor allem die spirituelle Seite von Goethes FAUST als Gegengewicht zur heutigen materialistischen Betrachtungsweise darstellen. Dr. Oberkogler versuchte die goethischen Intentionen, soweit sie durch Goethes eigene Aussagen belegt sind, streng zu befolgen.

Die Fragen, die bis zu den letzten Dingen reichen, sind der Grundnerv des Buches: Fragen nach Sinn und Mission unseres Menschseins, nach der Güte der Schöpfung und nach dem «Bösen, wie sie der Weg Faustens zeigt».

Mit besonderer Hoffnung wendet sich dieses Buch an alle jene, die Goethe verehren und denen der FAUST ein Wegbegleiter durch ihr Leben ist.

Dem mit der Geisteswissenschaft verbundenen Leser möge es Erfahrungen bringen mit Fortsetzung und Ergänzung der FAUST-Vorträge Rudolf Steiners.

Dr. Friedrich Oberkogler

ZAUBERFLÖTE

Mozarts Mysterienspiel
und das Goethe-Fragment

228 Seiten, mit 8 Farbtafeln, Format 17×24 cm, gebunden

Fr. 29.80, DM 34,– · ISBN 3-7214-0146-8

Indem uns die «Zauberflöte» immer wieder vor neue Geheimnisse stellt, uns stets dort das Wesentliche verbirgt, wo uns ihre Märchenpoesie scheinbar alles erzählt, wird sie uns immer mehr zu einem echten «Mysterium», zu einem Spiel von den tiefsten Geheimnissen des Lebens und der menschlichen Seele. Die vorliegende Betrachtung will dieses in der Oper verborgene Mysterium zum Fundament ihrer Untersuchung machen.

Goethe, der wie kaum ein zweiter den tiefen Mysteriengehalt des Werkes erkannt hat, wollte ihm sogar einen zweiten Teil folgen lassen, in welchem der Kampf der Dämonen gegen das Göttliche in aller Konkretheit zur Darstellung kommen sollte. Die Dichtung ist leider Fragment geblieben, doch umfangreich genug, um all die Weisheitsgehalte erkennen zu können, die in Mozarts Oper bereits veranlagt sind. Sie aufzuzeigen ist ebenfalls ein Anliegen des Buches, das damit zum Goethe-Gedenkjahr ein zu Unrecht in Vergessenheit gesunkenes Fragment Goethescher Poesie dem Leser in Erinnerung rufen möchte.

Ein Versuch, das Mysterium in der Zauberflöte zu deuten. Nicht zuletzt mit Hilfe der Dichtung Goethes, die den ganzen Weisheitsgehalt in dieser Mozartoper zu erkennen gibt.